U0839474

嘉兴市人才发展蓝皮书 2016

中共嘉兴市委组织部
上 海 交 通 大 学 编

上海交通大学出版社
SHANGHAI JIAO TONG UNIVERSITY PRESS

内容提要

在嘉兴市委、市政府“创新引领”“人才强市”战略指引下，全市各地持续深入推进人才工作。为系统、全面地评价嘉兴市七个县域的人才综合发展和竞争力水平，并为嘉兴市及各县域人才工作提供优化建议，本书基于I(投入)—P(过程)—O(产出)模型，从人才投入、人才产出、人才环境、人才效能四个维度对近年来嘉兴市县域人才工作成效进行主、客观比较研究。在对七个县域人才综合发展和竞争力水平系统、全面评估基础上，本书从人才工作机制、人才生活环境、人才开发平台等方面为嘉兴市及各县域未来的人才工作提供政策建议。

图书在版编目(CIP)数据

嘉兴市人才发展蓝皮书. 2016 / 中共嘉兴市委组织部，上海交通大学编. —上海：上海交通大学出版社，2016
ISBN 978-7-313-15305-0

Ⅰ. ①嘉… Ⅱ. ①中… ②上… Ⅲ. ①人才—发展战略—研究报告—嘉兴—2016 Ⅳ. ①C964.2-53

中国版本图书馆CIP数据核字(2016)第225337号

嘉兴市人才发展蓝皮书(2016)

编　　者：中共嘉兴市委组织部
　　　　　上海交通大学
出版发行：上海交通大学出版社　　地　　址：上海市番禺路951号
邮政编码：200030　　电　　话：021-64071208
出 版 人：韩建民
印　　制：虎彩印艺股份有限公司　　经　　销：全国新华书店
开　　本：787 mm×960 mm　1/16　　印　　张：10.25　插　页：6
字　　数：134千字
版　　次：2016年9月第1版　　印　　次：2016年9月第1次印刷
书　　号：ISBN 978-7-313-15305-0/C
定　　价：42.00元

2015 年全市人才资源总量达 109.8 万人，
完成“十二五”规划目标的 **126%**

2015 年全市高层次人才总量达 4.03 万人，
完成“十二五”规划目标的 **152%**

“十二五”期间新增博士 2184 人，
为“十一五”末博士总量的 **799%**

“十二五”期间新增硕士 12041 人，
为“十一五”末硕士总量的 **297%**

2015 年底全市高技能人才 16.18 万人，
为“十一五”末高技能人才总量的 **162%**

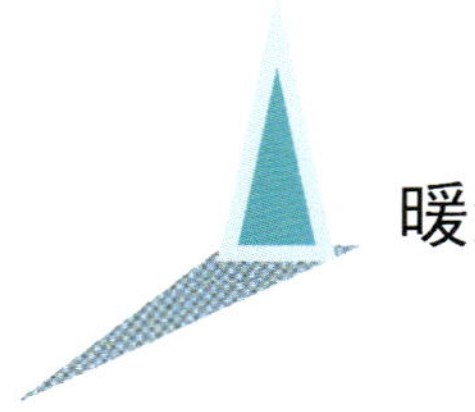

暖流 ——

嘉兴人才工作得到各级领导的亲切关怀和指导，激励着一批又一批嘉禾精英不断探索、追求卓越。

习近平同志十分关心浙江清华长三角研究院的建设，并于2014年作出重要批示：

浙江清华长三角研究院10年来的探索实践说明，省校合作是优化科技资源配置、促进科技成果转化、实现科技与经济融合的有效模式。希望总结经验，再接再厉，不断巩固省校合作成果，全面深化科技体制改革，努力把长三角研究院建设成为具有先进水平的新型创新载体，为推动区域创新体系建设作出更大的贡献。

习近平

2014年5月11日

夏宝龙同志考察浙江省“千人计划”嘉善产业园核心区——中国归谷嘉善科技园

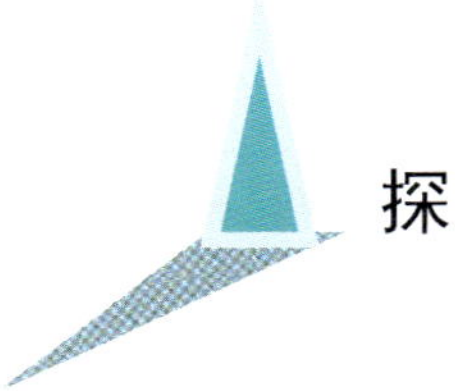

探索 ——

嘉兴着眼于破除束缚人才发展的体制机制障碍，推行更积极、更开放、更有效的制度供给和创新举措。

以建设人才改革试验区为契机，全市各地纷纷出台人才新政，激发各类人才的创业创新热情

在美国硅谷、洛杉矶建立的两个海外孵化器结出成果，实现人才项目域外孵化、“带土移植”

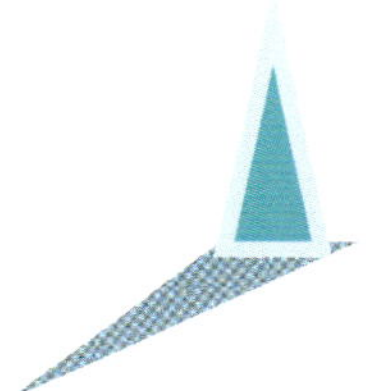

集聚 ——

走出去、请进来，大赛选拔、评审遴选……嘉兴通过各种途径，面向全球招揽优秀人才，推动经济社会创新发展。

请进来，召开国际人才合作交流大会；走出去，到欧美人才集聚地举办专场推介，每年吸引数千名海内外高层次人才来嘉考察，并申报“创新嘉兴·精英引领计划”

“以赛聚才”、“智资对接”，嘉兴各地纷纷搭建平台、创新载体，网罗各类人才

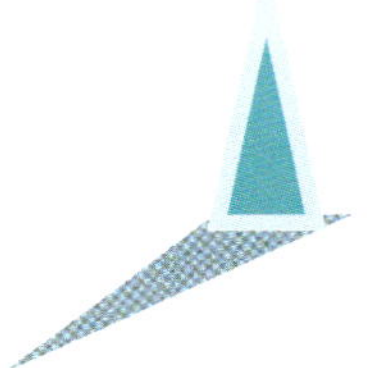

沃土 ——

人才成长离不开“沃土”，嘉兴各类平台致力于提能升级，为人才创业创新提供广阔舞台。

漕河泾开发区海宁分区

上海交通大学平湖科技园

2015 年 9 月，嘉兴秀洲高新技术产业开发区升级为国家高新技术产业开发区

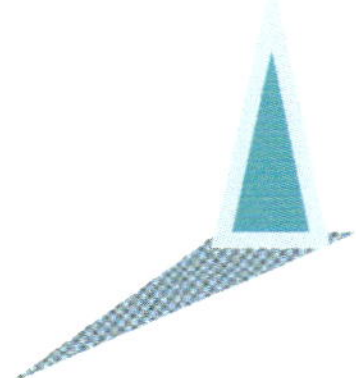

孕育 ——

嘉兴积极引进“大院名校”，嫁接高端教育资源，推动高层次、国际化人才引育。

2016 年 9 月，浙江大学国际联合学院（海宁国际校区）迎来首批新生

坐落在南湖区的浙江清华长三角研究院和中科院应用技术研究院是嘉兴院校合作的典范

互联 ——

嘉兴市营造人才+人才、人才+资本、人才+服务的多元发展环境，以互联互动的形式推动人才智慧的分享。

“乌镇智库”、人才俱乐部的成立，都从侧面折射出人才之间分享互助、合作共赢的“抱团”精神

红船服务总联盟+“一员三师”创业助理，整合政府资源，精准服务人才

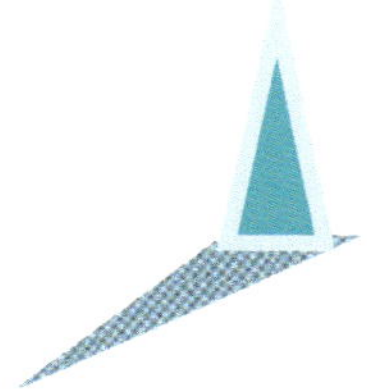

破茧 ——

嘉兴各行各业涌现出一大批优秀人才，他们不仅获得了国家、省、市各级荣誉，而且在创业创新大潮中敢为人先、争做先锋。

嘉兴市授予各行业领域的杰出人才“南湖百杰”称号，激励其再接再厉、再创佳绩

行行出状元，正是有了像吴张平一样的技能“大拿”，嘉兴制造才能更加风生水起

目前，嘉兴已有 7 家领军人才企业上市，抢滩多层次资本市场大展身手

编 委 会

FOREWORD 前　　言

致天下之治者在人才，古时安邦治国需要人才，当今社会进步更依赖人才。

嘉兴市自 2004 年实施“人才强市”战略以来，始终坚持党管人才原则，推进人才队伍建设。“十二五”以来，全市认真贯彻落实中央、省委和市委市政府的决策部署，注重高端引领，坚持以用为本，着力推动人才优先发展，着力改革人才发展体制机制，着力引育人才创业创新平台，着力优化人才发展生态环境，为嘉兴加快推进创新驱动发展、经济转型发展提供了有力人才支撑。

为了更全面深入地了解“人才强市”战略在县域的实践举措、实践成效，《嘉兴市人才发展蓝皮书（2016）》通过主客观调查的方式，对县域人才投入、人才产出、人才环境、人才效能等四个方面进行了系统评估，并在调研的基础上对当前县域人才发展存在的问题及下一步工作进行了分析展望，以期明晰短板、发挥优势、谋求创新，推动嘉兴人才工作再上新台阶。

嘉兴地处长三角区域中心，是长三角城市群协同发展和上海大都市圈一体化发展的直接参与者。作为浙江省接轨上海的“第一站”，嘉兴正在举全市之力，加快构建具有竞争力的人才制度体系，优化人才发展生态，提升人才综合实力，打造人才生态最优市和浙江省接轨上海人才创新示范区。这些都为嘉兴“十三五”人才工作带来了全新的机遇和挑战。我们将始终关注人才发展的新动态、新进展、新经验，理论和实践并重，不断提高总结分析水平，力争为关心支持嘉兴人才发展事业的各界人士奉献更多高质量的成果。

《嘉兴市人才发展蓝皮书(2016)》编辑部

2016 年 9 月

CONTENTS 目　录

第一章 绪 论

人才乃发展之基、竞争之本、转型之要。当今世界，人才资源越来越成为国际竞争的焦点，人才竞争是最具有全局影响力的竞争，谁拥有了人才优势，谁就具有了竞争优势；谁能把人才优势转化为知识、科技和产业优势，谁就能赢得竞争的主动权。人才竞争力涉及社会经济的整体竞争力，已成为一个国家、地区、行业、企业乃至社会组织应该具备的诸多竞争力中最核心的要素。

“人才强市”作为嘉兴市委、市政府明确的发展战略，为当地经济社会发展、产业结构转型升级提供了强有力的人才支撑。继续深入实施人才强市战略，大力推进各类人才集聚和发展，加快形成大众创业、万众创新的生动局面，支撑和推动全市转型升级，努力实现更高层次新发展，在这一过程中，人才是关键。

嘉兴市“人才强市”战略的实施主要包括市本级人才战略以及7个县(市、区)人才战略的实施。在“十二五”期间，嘉兴市7个县(市、区)各级各部门认真贯彻落实嘉兴市确立的人才优先发展战略布局，紧紧围绕人才引进、培养、使用、评价等问题，着力推进人才体制机制创新，优化人才发展生态环境，助推各类人才创业创新，为嘉兴市“人才强市”战略的推进提供了有力的实施保障①。

① “人才强市”是嘉兴市委、市政府明确的主战略。嘉兴市本级以及下属各县(市、区)都正积极推进该战略的有效实施。为系统、全面评价嘉兴市各县域近年(2011—2015)来人才综合发展和竞争力水平，为县域人才工作把脉，探索努力方向，如没有特别说明，本书所关注的是县域层面上的人才工作。

为更好地指引嘉兴市未来的人才工作，本书以“人才强市”战略实施效果评价为理念，依托档案数据分析和独立匿名问卷调查等评价方法，通过系统、全面、客观的两套评价体系来对 7 个县（市、区）过去 5 年（“十二五”期间）人才综合发展和竞争力状况进行评价，探索基于人才竞争力的人才吸引、培养和使用战略，配合嘉兴市“人才强市”战略的推进，促使嘉兴市人才活力迸发。

一、研究背景

经济繁荣靠科技，科技发展靠人才。嘉兴市处于经济转轨、社会转型、体制转换的关键时期，人才在经济发展和社会进步中发挥不可替代的作用，早已经成为各界达成的一致共识。嘉兴市早已明确人才强市、人才优先发展的战略地位。嘉兴市下辖 7 个县（市、区）是市域的核心单元，县（市、区）的人才竞争力是嘉兴市人才竞争力的主体组成部分。形成、拥有、保持和提升嘉兴市 7 个县（市、区）人才竞争力直接关系到嘉兴市及各县域的经济和社会的发展水平。在当今人才竞争日趋激烈，各地人才政策竞相出台的新形势下，充分发挥本地人才政策的活力，明确本地人才政策的方向，在人才市场中赢得竞争优势，是嘉兴市 7 个县（市、区）人才工作中面临的新使命。

（一）人才竞争日趋激烈

当今世界的竞争归根结底是人才的竞争。从区域经济和社会发展的角度出发，人才的引进和培育已成为影响本地经济增长及转型、产业结构优化及发展、社会稳定与和谐的重要因素，因此，人才已成为各级党委和政府竞争的焦点。人才的引进、培养、激励问题已引起各级组织部门的高度重视，于是，嘉兴市市级部门及下辖 7 个县（市、区）纷纷推出人才新政来竞争人才资源，驱动本地经济创新发展。

随着人才流动体制机制障碍的破除，人才竞争进一步加剧。2016年3月国家出台《关于深化人才发展体制机制改革的意见》，着力破除人才发展的体制机制障碍，各地陆续出台关于人才的户籍、地域、身份、学历、人事关系、档案关系、社会保险关系等方面转移接续的配套举措，这将促进人才在不同地区间合理流动；在人才市场中有效配置；在区域产业发展中迸发活力，但与此同时，这些举措也将加大各地区对人才资源的激烈争夺。

嘉兴市地处长三角地区，区域内人才竞争机遇与挑战并存。近年来，长三角地区的中小城市在"人才争夺战"中发力，已变得更加务实和精准。地处长三角地区的各地纷纷出台"海外英才计划"、"海外工程师"、"候鸟式人才计划"等人才新政吸引人才。一方面，地处长三角地区的嘉兴市在《长江三角洲人才开发一体化共同宣言》协议框架下，人才资源的交流、合作、共享的收益需要衡量；另一方面，在长三角人才开发一体化过程中，嘉兴市需实现人才引进与地方主导产业的匹配，在遵循人才流动客观规律的前提下，赢得人才一体化开发过程中的竞争优势。

（二）人才工作期待有效评价

人才存量转化为人才效益是当今人才工作的关键。在人才驱动创新、创新驱动发展的新形势下，"十二五"末，嘉兴市人才总量已经达到109.8万人，高层次人才总量达到4.03万人；但是，仅仅拥有人才是不够的，最为重要的是整体开发和利用好人才，充分发挥本地人才或者"候鸟式人才"的聪明才智，将其转化为本地最重要的核心竞争力，为本地经济社会发展做出最大的贡献。甚至可以实现人才的"不求所有、但求所用"，毕竟在人才强市、人才优先发展的战略下，人才的使用才是关键。嘉兴市当前7个县(市、区)对本区域人才存量如数家珍，但对本地人才的竞争力状态如何、作用是否充分发挥则需进一步了解。对于这个问题，需要建立一套适合嘉兴的人才竞争力评价指标体系，检验嘉兴市下辖 7 个县(市、区)的人才强县(市、区)效果。

人才服务转化为人才效益是当今人才工作的另一大关键。在人才强市、人才优先发展的战略背景下，嘉兴市 7 个县(市、区)不断推陈出新，出台了一系列的人才政策及人才服务举措。南湖区的嘉兴科技城始终坚持“创新研发＋创业孵化＋产业示范＋科技商务＋综合配套”的发展定位，打造人才驱动创新、创新驱动发展的人才发展平台。秀洲区采取针对不同发展阶段(初创期、发展期、成熟期)的人才采取“增能提效”、“帮扶提效”、“拓市提效”等行动。嘉善县坚持“同频共振”、“同轴共动”、“同步共进”、“同向共行”的“双招双引”、“聚才引智”工作。平湖市推出“名校优生引才计划”，引进了大批本地经济社会发展亟须的名校优生人才。海盐县建设“企业大学生创业园”，激发了当地大学生的创业热情。海宁市全面实施“潮乡精英引领计划”，注重高水平创新创业平台搭建，依托产业平台优势，规划建设“一心三园”人才发展平台，注重引进“高校名院”人才战略资源。桐乡市充分运用乌镇世界互联网大会永久会址的优势，打造互联分享的人才“智库”。这些人才政策、人才服务举措的实施效果如何？是否真的引入了区域发展亟须人才？是否真的激发了区域人才的发展活力？这需要一套规范的体系和标准来进行衡量。

人才工作的关键是因地制宜地建立区域人才竞争力的评价指标。上述这些问题的存在，并非各地人才部门领导不重视人才的使用，而是缺乏一套适合本区域人才的规范的体系和标准来对人才的竞争力进行衡量和评价。构建全面、科学、准确的区域人才竞争力评价指标体系有助于对特定区域人才竞争状况有一个相对准确的了解和把握，能够为特定区域的组织人事人才工作者和研究者提供具有实用价值和研究价值的人才竞争力评价指标体系、标准体系、区域人才竞争力年度评价结果及相对完整的人才竞争力数据库，使该区域组织人事人才工作者明确本地人才服务中亟须完善的空间，促进本地的人才存量、人才服务转化为人才效益。

二、嘉兴市县域人才发展及竞争力指标体系构建

嘉兴市人才强市主战略的实施包括市本级人才战略以及下辖7个县(市、区)人才战略的实施状况。本书旨在具体考察嘉兴7个县(市、区)在过去5年(“十二五”期间)的人才发展和竞争力状况。

为系统、全面、客观地评价嘉兴市7个县(市、区)人才发展和竞争力状况，整个研究由中共嘉兴市委人才工作领导小组办公室与上海交通大学组成联合研究小组，基于客观和主观两套评价体系来进行系统评价。客观评价体系主要依据人才强市(县、区)指标体系，对基于档案统计获取的二手数据进行评价、分析；主观评价体系主要依据对典型人才队伍等专家进行匿名问卷调查获取的一手数据进行评价、分析。

(一) 区域人才发展及竞争力评价的理论基础

1. 区域人才竞争力评价理论框架的确立

对区域人才竞争力的评价主要基于I(Input)—P(Process)—O(Outcome)理论框架模型来进行分析(见图1-1)。其中，I(Input)主要是指对人才的投入，不光是财力资本的投入，也包括时间、精力的投入。另外，在人才投入方面，不单单指对人才发展的单项投入，更注重立体的人才生态环境的打造。具体到县域政府的“人才强市”战略，可包括政府对人才发展的资金投入、人才研发与服务平台建设、人才立体生态环境的打造。具体到嘉兴市的人才，在人才产出方面，不单单指人才数量的增长，地区经济效益地提升；更体现在人才质量的提升，人才结构的优化，人才社会效益方面的产出。在人才过程方面，具体到县域政府的“人才强市”战略，主要包括县域

政府通过人才政策和人才服务对人才发展过程的管理和引导。本书关于这一部分的设计主要基于对人才的抽样匿名问卷调研，毕竟，县域政府的人才政策设计、人才服务供给只有得到人才的认可和肯定，才能切实转化为人才发展的驱动力，产生良好的人才效果。结合投入、过程、产出这三个方面的内容，本书将在 IPO 模型基础上，初步思考从人才投入、人才产出、人才环境、人才效益四个方面(见图 1－2)探索适合嘉兴市 7 个县(市、区)人才发展及竞争力状况的评价体系。与此同时，结合人才过程这一难以采用客观指标体系来进行衡量的内容，课题组采用对区域典型人才队伍的抽样匿名问卷调查进行评价，以期更加系统、全面、客观地评价嘉兴市 7 个县(市、区)人才发展及竞争力状况。

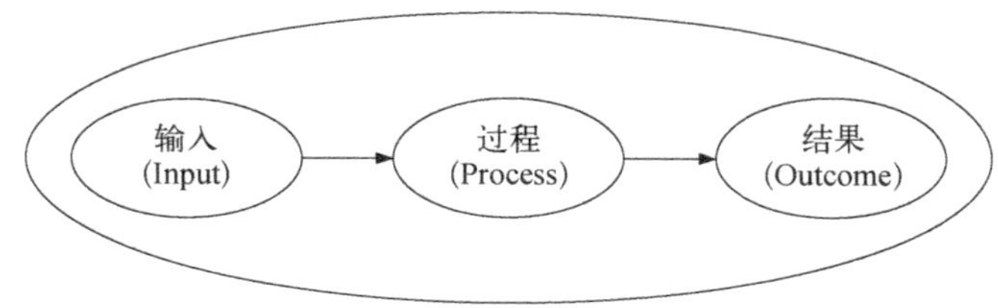

图 1－1 人才工作评价理论基础：IPO 模型

2. 基于 IPO 模型的区域人才发展及竞争力评价的双向思维

课题组在运用 IPO 模型过程中，基于双向视角思考人才的发展和竞争力，一方面将人才资源作为效能产出的重要衡量指标，另一方面将人才资源作为效能产出的重要诱因。基于此，在人才输入方面，课题组一方面考虑县域政府在人才发展过程中给予财政资金方面的投入和支持，如人才研发投入、人才创业资金支持等；另一方面考虑县域政府在人才投入后产生的效益也就是人才生态环境的改善，如人才生活环境的改善、人才市场环境的改善、人才投融资环境的改善等。在人才产出方面，同样保持双向思维，一方面将人才视为重要考量指标，综合考虑人才资源的产出，如人才数量、人才质量、人才结构等；另一方面将人才作为效能产出的重要诱因，综合考虑人才作为资源的效能产出，如人才的经济效能产出、科技效能产出、社会效能产出等。这也契合了本书的初衷：一个地方、一个单位、一个组织，仅仅拥有人才是不够的，最为重要的是整体开发和利用好人才，充分发挥人才的聪明才智，形成区域最重要的核心竞争力，为区域经济社会发展作出最大的贡献；单位领导人在了解本区域、本单位人才数量的同时，也有必要了解本区域内人才的竞争力状态、作用发挥情况。

3. 基于IPO模型构建县域人才发展及竞争力评价的四个维度

基于IPO模型，本书初步从人才投入、人才产出、人才环境、人才效能四个方面来综合评价嘉兴市7个县(市、区)人才发展及竞争力状况(见图1-2)。其中，人才投入方面的评价主要是该县域在本地公共教育方面的投入、技术研发投入、社会保障服务投入方面是否符合本地人才的需求。如何规划本县域在公共教育方面的投入力度和结构、技术研发方面的投入力度和方式、社会保障服务方面的投入力度和着力点，才能使得区域人才的发展更具竞争优势。人才产出方面的评价主要是人才资源作为一种衡量指标的产出，如人才的数量(各类人才的总量)、人才的质量(高层次人才占人才资源总数的比例)、人才的结构(高技能人才占技能人才的比例)。人才环境方面的评价主要是人才的生活环境、投融资环境、政策环境是否对人才具有吸引力，能否为人才的发展提供驱动力。关于人才效益方面的评价，主要是将人才作为一种投资资源，观测其经济效能、科技效能、社会效能，比如其是否推动地方经济增长和产业结构的优化、升级。是否促进技术成果转化。是否推进社会文明程度。另外，关于人才投入、人才产出、人才环境、人才效能的衡量，既需要对人才发展和竞争力的现状进行考察，又需要居于一种宏观的战略视角，对县域人才的未来发展潜力进行预测，保持动态的评价视角，这也是课题组选取嘉兴市7个县(市、区)近5年(“十二五”期间)来的动态数据的一项重要考虑。

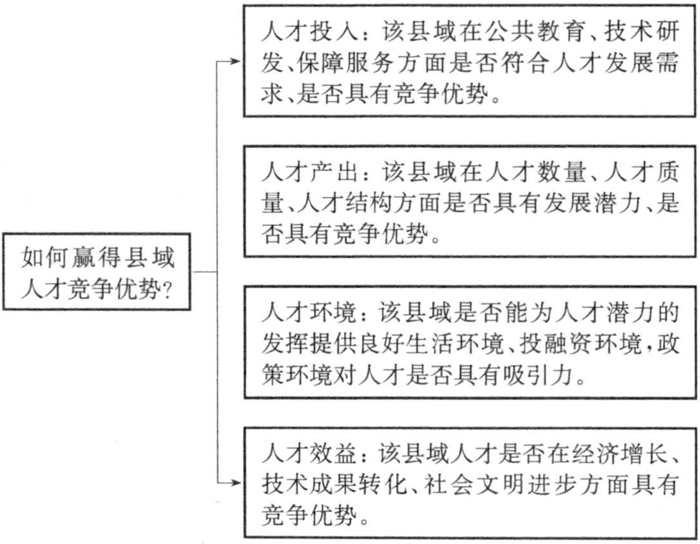

如何赢得县域人才竞争优势?

人才投入：该县域在公共教育、技术研发、保障服务方面是否符合人才发展需求、是否具有竞争优势。

人才产出：该县域在人才数量、人才质量、人才结构方面是否具有发展潜力、是否具有竞争优势。

人才环境：该县域是否能为人才潜力的发挥提供良好生活环境、投融资环境，政策环境对人才是否具有吸引力。

人才效益：该县域人才是否在经济增长、技术成果转化、社会文明进步方面具有竞争优势。

图1-2　县域人才竞争力评价模型/指标体系设计思路

（二）国内外人才发展及竞争力评价体系

为构建尽可能客观、系统的评价体系，课题组还对国内外有关人才发展及竞争力状况的相关研究进行了梳理(见图1-3)，并对涉及人才发展及竞争力评价体系的研究进行了总结、分析，并在此基础上，对课题组基于IPO模型初步设计的区域人才发展及竞争力

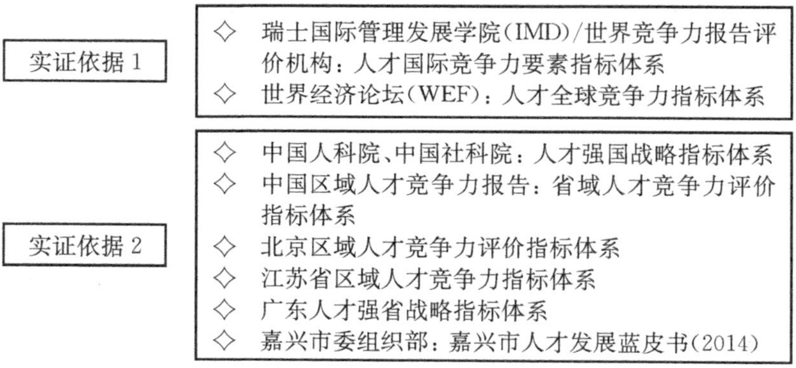

实证依据1

◇ 瑞士国际管理发展学院(IMD)/世界竞争力报告评价机构：人才国际竞争力要素指标体系
◇ 世界经济论坛(WEF)：人才全球竞争力指标体系

实证依据2

◇ 中国人科院、中国社科院：人才强国战略指标体系
◇ 中国区域人才竞争力报告：省域人才竞争力评价指标体系
◇ 北京区域人才竞争力评价指标体系
◇ 江苏省区域人才竞争力指标体系
◇ 广东人才强省战略指标体系
◇ 嘉兴市委组织部：嘉兴市人才发展蓝皮书(2014)

图1-3　国内外有关区域人才发展与竞争力指标体系构建

评价体系进行充实、完善。

1. 国外关于人才发展与竞争力指标体系研究的回顾

美国哈佛大学教授迈克尔·波特(Michael E. Porter)教授最早在《国家竞争优势》一书中,将国内竞争优势理论应用于国际竞争,提出了著名的"国家竞争优势模型",这也是国外有关区域人才发展与竞争力评价最早的研究。在该研究中,波特教授将人才竞争力的研究嵌入到企业竞争之中。当前世界上被广泛接受的指标体系和核算方法是由瑞士洛桑国际管理开发研究院(IMD)和世界经济论坛(WEF)提出的。其中,瑞士洛桑国际管理开发研究院(IMD)关于人才发展及竞争力的指标设计和测算方法主要体现在其每年发布的《国家竞争力年度报告》中,主要包括人才数量(尤其是研发人员数量)、人才质量(如高级经理人员等高级人才数量)、人才创新能力(如专利数、基础研究等)等内在竞争力和人才使用效益(如劳动生产率)、人才状态(如人才流动、劳动力可获得性等)、人才环境(如工作环境、生活环境、社会环境等)等外部竞争力。本书对该报告提出的人才竞争力及发展指标体系进行充分借鉴,如吸纳、修正其人才数量、人才质量、人才环境方面的指标,并将人才创新能力和人才使用效益方面的指标根据县域情境转化为县域人才的科技效能、经济效能等指标予以体现。世界经济论坛(WEF)关于人才发展及竞争力的指标设计和测算方法主要体现在其与哈佛大学国际发展中心合作发布的《全球竞争力报告》中。《全球竞争力报告》主要是对国家间的创新能力进行比较。因此,课题组对于《全球竞争力报告》的指标借鉴主要包括其创新方面的指标,如创新能力、研发支出、产学研合作、专利状况等。

2. 国内关于人才发展与竞争力指标体系研究的回顾

国内关于人才发展与竞争力指标体系的研究主要包括对国家层面人才发展与竞争力的评价、省际人才发展与竞争力的评价乃至地市级人才发展与竞争力的评价等方面。

国家层面关于人才发展与竞争力评价方面的研究，在国内得到广泛接受的分别是：中国社会科学院及中国人事科学研究院联合发布的《中国区域人才竞争力报告》、中国人事科学研究院发布的《人才强国战略体系专题研究报告》、社会科学文献出版社出版的《中国区域人才竞争力报告》。其中，中国社会科学院及中国人事科学研究院联合发布的《中国区域人才竞争力报告》中关于人才竞争力及发展指标体系主要包括人才规模(人才数量、人才素质、人才结构)、人才效能(科技效能、经济效能、社会效能)、人才环境(人才成长发展环境、人才生活保障环境、人才就业创业环境)三方面内容。本课题组结合研究需要，吸纳了该指标体系中的人才规模作为人才产出的衡量指标；吸纳了该指标体系中的人才效能部分，并进行了修订、完善；吸纳了人才环境中生活保障环境和就业创业环境，在后续的指标体系中作为生活环境和投融资环境进行测量。中国人事科学研究院发布的《人才强国战略体系专题研究报告》主要包括人才投入(教育投入、研发投入、公共服务投入)、人才产出(数量、质量、结构、环境)、人才效益(经济效益、科技效益、社会效益)等方面。本书重点借鉴了中国人事科学研究院发布的这套测量指标体系，并在此基础上与中国社会科学院及中国人事科学研究院联合发布的《中国区域人才竞争力报告》中的指标体系进行融合，单列了人才环境这一部分。社会科学文献出版社出版的《中国区域人才竞争力报告》中关于人才发展及竞争力部分主要分为内在竞争力要素、外在竞争力要素、竞争力现状等。其中，内在竞争力要素包括人才数量竞争力、人才质量竞争力、人才结构竞争力；外在竞争力要素包括人才投入竞争力、人才平台竞争力、人才生活及环境竞争力；人才竞争力现状主要包括人才创新竞争力、人才贡献竞争力、人才发展竞争力。课题组关于区域人才发展及竞争力评价体系中一些比较细致的指标即借鉴该指标体系，如人才数量竞争力的部分测量指标、人才质量竞争力的部分测量指标、人才投入竞争力的部分测量指标、人才生活竞争力的部分测量指标、人才创新竞争力的部分测量指标、人才效能竞争力的部分测量指标。另外,课题组借鉴该体系中关于人才平台竞争力的思路,在县域人才发展及竞争力指标体系中设计了"载体投入"一项,在测量方法中借鉴了该人才竞争力评价体系的指数测算方法。

在地区层面,专家学者分别对北京市、广东省、江苏省等地方的人才发展及竞争力指标体系进行了相关研究。北京市人才发展及竞争力指标体系主要包括:人才数量指数、人才质量与结构指数、经济环境指数、生活环境指数、社会文化环境指数、自然环境指数、人才市场环境指数、人才效益指数、人才政策指数等方面。课题组对其中人才质量与结构方面指标、生活环境方面指标、人才市场环境方面部分指标进行了借鉴,吸纳到嘉兴市县域人才发展及竞争力指标体系中。其中,嘉兴市关于县域人才市场环境方面的测量主要借鉴该指标体系中的相关测量指标。与此同时,课题组同样借鉴了该体系中的指标测算方法。广东省人才发展及竞争力指标体系主要包括:人才素质、人才投入、人才产出、人才环境等方面。课题组对其中人才素质方面指标、人才投入方面指标、人才环境方面部分指标进行了借鉴,吸纳到嘉兴市县域人才发展及竞争力指标体系中。江苏省人才发展及竞争力指标体系主要包括:人才发展存量、人才发展投入、人才发展产出、人才发展环境等方面。课题组对其中人才发展投入方面指标、人才投入环境指标、人才发展产出方面部分指标进行了借鉴,吸纳到嘉兴市县域人才发展及竞争力指标体系中。

在地市级层面,本书中关于嘉兴市人才发展及竞争力状况的主观评价部分,主要借鉴《嘉兴市人才发展蓝皮书(2014/2015)》中的部分测量体系,主要包括生活环境、人才市场环境、投融资环境、政策环境、社会文化环境、社会服务环境、留在嘉兴市发展的意愿、推介嘉兴市的意愿等方面内容。

（三）县域人才发展及竞争力指标体系设计和调研过程

1. 县域人才发展及竞争力指标体系设计过程

在客观指标体系的设计方面，首先，课题组基于国内外公认的IPO模型初步设计了人才投入、人才产出、人才环境、人才效能四个方面，对国内外有关人才发展及竞争力的指标体系进行全部梳理，并按照编码分别置于人才投入、人才产出、人才环境、人才效能四个主体要素的框架下。然后，考虑到嘉兴市实际情况，课题组采取专家背对背评价法和专家集体决策法对人才投入、人才产出、人才环境、人才效能四个主体要素的框架下的所有指标体系进行再完善和修正，最终确定嘉兴市县域人才发展及竞争力评价的客观指标。

在主观指标体系的设计方面，课题组基于《嘉兴市人才发展蓝皮书（2014）》和《嘉兴市人才发展蓝皮书（2015）》中关于嘉兴市人才生态环境评价指标体系，并在前两年（阶段）调研数据基础上进行指标体系修订和完善，以期能更好地适应嘉兴市县域人才综合发展和竞争力方面的调研（完整的调研问卷，请见本书附件）。

2. 调研过程

中共嘉兴市委组织部人才工作处主要负责数据的发放和回收工作。在嘉兴市县域人才发展及竞争力客观数据的采集方面，中共嘉兴市委组织部、人才办积极协调嘉兴市委宣传部、市农经局、市经信委、市教育局、市科技局、市民政局、市财政局、市人力社保局、市环保局、市统计局及嘉兴市下辖7个县（市、区）的相关单位采集相关人才调查统计数据。在嘉兴市县域人才发展及竞争力主观数据的采集方面（匿名调查问卷），嘉兴市委组织部人才工作处积极协助7个县（市、区）根据独立第三方（上海交通大学）提供的问卷进行匿名问卷调查，以保证较高的问卷回收率。问卷回收后再直接发到上海交通大学进行独立数据分析和报告撰写。

（四）嘉兴市县域人才发展和竞争力指标体系主要内容

1. 嘉兴市县域人才发展及竞争力客观指标体系

嘉兴市县域人才发展及竞争力客观指标主要包括人才投入（人才及研发投入、载体投入、公共服务投入）、人才产出（人才数量、人才质量）、人才环境（人才生活环境、人才市场环境）、人才效能（经济效能、科技效能、社会效能）四个方面，具体的客观评价指标如表 1-1 所示。为了避免横截面研究的不足，课题组的数据采集并不局限于嘉兴市各县域人才发展及竞争力现状（即单纯采集 2015 年的数据），而是以过去五年为一个周期，课题组采集嘉兴市 7 个县（市、区）2011 年至 2015 年连续五年的人才发展数据，能够在了解嘉兴市 7 个县（市、区）目前人才发展及人才竞争力的同时，更好地了解每一个县（市、区）在人才发展各个方面的发展速度与发展潜力，从而为嘉兴市未来的人才工作提供更加准确的引导。

表 1-1 嘉兴市县域人才发展与竞争力客观评价体系

<table>
<tr><th>准则层</th><th>一级指标</th><th>二级指标</th><th>统计数据（2011—2015）</th></tr>
<tr><td rowspan="10">人才投入</td><td rowspan="6">人才及研发投入</td><td>人才资本投资总量</td><td></td></tr>
<tr><td>人才资本投资占 GDP 比重</td><td></td></tr>
<tr><td>全社会的研发（R&D）投入</td><td></td></tr>
<tr><td>全社会研发（R&D）投入占 GDP 比重</td><td></td></tr>
<tr><td>人才专项发展资金投入</td><td></td></tr>
<tr><td>人才专项发展资金投入占当地公共财政收入比重</td><td></td></tr>
<tr><td rowspan="4">载体投入</td><td>省级以上高新技术园区数量</td><td></td></tr>
<tr><td>市级以上众创空间数量</td><td></td></tr>
<tr><td>市级以上众创空间场地面积占地区总面积比重</td><td></td></tr>
<tr><td>市级以上科技孵化器数量</td><td></td></tr>
</table>

(续表)

准则层	一级指标	二级指标	统计数据(2011—2015)
人才投入	载体投入	科技孵化器场地面积占地区总面积比重	
		院士工作站数	
		博士后科研工作站(流动站)数	
		博士后工作驿站数	
		省级重点企业研究院数量	
		省、市企业研发中心数量	
	公共服务投入	一般财政预算中教育支出占GDP比重	
		一般财政预算中医疗卫生支出占GDP比重	
		一般财政预算中科技支出占GDP比重	
人才产出	人才数量	人才资源总量	
		企业经营管理人才数量	
		专业技术人才数量	
		高技能人才数量	
		农村实用人才数量	
		社会工作人才数量	
	人才质量	院士人才数量	
		享受国务院特殊津贴人数	
		入选国家“百千万”人才工程专家数	
		国家有突出贡献中青年专家数	
		国家“千人计划”、“万人计划”人才数	
		“973计划”项目首席科学家数量	
		“863计划”项目负责人数量	
		“长江学者”特聘教授数量	

（续表）

准则层	一级指标	二 级 指 标	统计数据（2011—2015）
人才产出	人才质量	国家杰出青年科学基金获得者数量	
		国家级工艺美术大师数量	
		其他国家级人才奖项获得专家数	
		浙江省有突出贡献中青年专家数	
		浙江省特级专家数	
		浙江省“千人计划”人才数	
		入选省151人才工程专家数	
		省级领军型创新创业团队数	
		省级科技创新团队数	
		省级企业技术创新团队数	
		省级文化创新团队数	
		“钱江学者”特聘教授数量	
		省级工艺美术大师数量	
		“钱江技能大奖”获得者数量	
		浙江省“首席技师”数量	
		其他省级人才奖项获得专家数	
		嘉兴市领军人才数	
		嘉兴市科技创新团队数	
		嘉兴市企业技术创新团队数	
		入选嘉兴市“南湖百杰”人数	
		留学归国人员数	
		从事研发(R&D)活动人员数	
		每万从业人员中研发(R&D)人员数	
		高层次人才占人才资源总量比例	
		高技能人才占技能人才比例	
		高考录取率	

(续表)

准则层	一级指标	二级指标	统计数据(2011—2015)
人才环境	人居生活环境	全年空气质量优良天数	
		水质量指标	
		居民消费指数	
		每万人教育机构数	
		每万人医疗机构数	
		社会保险覆盖率	
	人才市场环境	在岗职工平均工资	
		研发人员平均工资	
		人才中介机构数	
		劳动争议案件申诉量和立案数	
人才效能	经济效能	全社会劳动生产率	
		领军人才企业亩均产出	
		领军人才企业亩均税收	
		当地规上工业企业亩均税收	
	科技效能	高新技术产业占规模以上工业产值比重	
		万人发明专利申请数	
		万人发明专利授权量	
		获省部级及以上科技奖项数	
	社会效能	城市文明指数	
		劳动和谐指数	
		社会就业率	
		社会慈善捐赠总额	

2. 县域人才发展和竞争力主观指标体系

本书关于县域人才发展和竞争力指标体系的设计主要基于IPO的理论框架，而关于其中人才过程方面的考察，会具体到县域政府的人才政策、人才管理制度、人才服务状况。对于县域政府管理过程的考量和测算，仅依托县域政府提供的客观数据很难系统、客观地反映，毕竟在此过程中，县域政府的人才政策设计、人才服务供给只有得到人才的认可和肯定，才能切实转化为人才发展的驱动力，产生良好的人才效果。而县域人才政策的设计与执行、人才服务的提供都是为了产生良好的人才效果，因此，本书中主观评价体系主要基于对当地典型人才队伍的抽样匿名问卷调研来了解县域人才政策的合理性、人才服务的满意度。

课题组在各县(市、区)选择典型人才队伍(比如重点产业或行业人才队伍)进行匿名问卷调研，主要涉及以下几个方面内容：

(1) 各县域人才生态环境评价，主要包括各县域人才对本地生活环境、人才市场环境、投融资环境、政策环境、社会文化环境、社会服务环境等方面。

(2) 各县域人才效益，特别是人才投资工作和工作意愿、积极宣传本区域的意愿以及其他无法量化但又非常重要的社会效益(比如生态文明、社会和谐等)指标。具体的主观评价指标如表 1-2 所示。

表 1-2 嘉兴市县域人才发展与竞争力主观评价体系

一级指标	二级指标	满意度
生活环境	自然环境(饮用水、空气、绿化等)质量	
	基础教育	
	交通便利性	
	医疗卫生水平	
	休闲娱乐设施	
	工资水平	
	物价水平	
人才市场环境	人才中介机构服务	
	本地职业资格认定	

(续表)

一级指标	二　级　指　标	满意度
人才市场环境	人才市场发展水平	
	人才市场的法治环境	
	人才市场的监管状况	
	人才在不同地区、行业之间流动的便利性	
投融资环境	投资的配套政策及服务	
	本地融资的渠道及种类	
	风投(VC)的可获得性	
	商业性金融机构的服务状况	
政策环境	人才投入度	
	技术研发投入	
	专项人才政策	
	重点人才工程	
	人才技术研发平台建设(院士工作站、工程技术中心等)	
	人才交流和服务平台	
	人才工程的公开评审状况	
	人才工程推进及管理	
社会文化	本地创新创业氛围	
	本地对知识和人才重视程度	
	公众具有开放、包容的心态	
	公众普遍具有竞争意识	
社会服务	医疗保健服务	
	住房保障服务	
	教育服务	
	户籍政策	
总体满意度	您对本地的人才政策及效果的满意度	
	您对本地的人才服务及效果的满意度	

（续表）

一级指标	二 级 指 标	满意度
总体满意度	您对自己在本地发展（工作与生活）状况的感受	
工作/推介意愿	未来3—5年，您将继续留在本地发展（工作与生活）的意愿如何	是否会
	是否会推荐或介绍亲戚、朋友或其他伙伴来本地投资和发展（工作、生活）	
	是否会离开目前所在地前往嘉兴市其他区域发展	
	如果有可能，您会前往嘉兴市哪一个区或县发展（请注明）	
开放性题目	本地人才政策及服务中未来3—5年中最亟待改善的1—3个方面	

（五）调研样本介绍

课题组对嘉兴市各县（市、区）范围内重点产业或行业人才队伍进行抽样调查。在抽样过程中，课题组根据嘉兴市各县（市、区）重点产业发展的差异及各县（市、区）的产业人才队伍数量的差异，对建议比例进行合理调整，尽量缩小各个县（市、区）抽样人数的差距。各县（市、区）发放问卷数、回收有效问卷数见表1-3、表1-4。

表1-3 调查范围及发放问卷数

1. 市辖区		
南湖区(230)	秀洲区(250)	
2. 县级市		
海宁市(230)	平湖市(220)	桐乡市(200)
3. 县		
嘉善县(250)	海盐县(253)	

说明：“（ ）”中数字为发放问卷数量。

表 1-4 实际样本回收情况

1. 市辖区		
南湖区(200)	秀洲区(223)	
2. 县级市		
海宁市(227)	平湖市(200)	桐乡市(200)
3. 县		
嘉善县(234)	海盐县(243)	

说明:“( )”中数字为回收问卷数量。

第二章　嘉兴市县域人才发展及竞争力状况：客观比较

嘉兴市县域人才竞争力是以嘉兴市下辖的7个县(市、区)为主体单元,评价它们在国内社会经济发展的背景下,在人才流动与竞争的环境中,吸引、保留和用好人才的能力,更是其谋求人才事业科学发展的能力。本部分基于县域人才竞争力指标体系和有关县域人才发展的客观数据,对2011年至2015年嘉兴市7个县(市、区)的人才竞争力进行聚类分析、比较,对各县(市、区)人才竞争力的绝对优势指标、相对优势指标、相对弱势指标及阻碍该县域发展的短板指标等数据进行分析,为这些地方的人才事业发展在保证已有人才竞争优势、形成新的竞争优势、提升竞争弱势、弥补竞争短板等方面提供决策依据和实践指导。

在基于客观数据对嘉兴市7个县(市、区)的聚类分析、比较中,本书主要集中在人才投入、人才产出、人才环境、人才效能等四个方面。由于人才发展和竞争力评价各项指标数据的量纲不同,因此,在对人才投入、人才产出、人才环境、人才效能等一级指标进行比较的过程中,需对这些二级指标进行综合集成,并且要对指标数据进行无量纲处理①。

---

① 本书主要采取指数化方法。指数法的计算公式为：$X_i=\frac{x_i}{x_{oi}}$，其中，X_i 为指数，x_i 为原始值，x_{oi} 为最大值。

在综合比较嘉兴市7个县(市、区)人才投入、人才产出、人才环境、人才效能四个方面的同时,每部分内容又分别对构成人才投入的各个指标及该指标2011年至2015年的年均增长率进行比较,从而能更加有效地找到该县域在该方面存在竞争优势或存在竞争劣势的可能因素及历史原因。

一、嘉兴市县域人才投入比较

县域人才投入竞争力指标是衡量县域在人才潜能发挥、人才保障及人才发展后劲方面的重要指标。在人才投入指标中,既要考虑人才投入的总量,又要考虑人才投入的结构。本书在人才投入竞争力方面,在考虑人才整体投入的同时,重点考虑人才及研发投入、载体投入、公共服务投入三个方面,这三方面的投入反映县域在人才科技创新方面的财政支持力度、人才发展基础平台建设的政策支撑力度及人才社会保障服务方面的重视程度。

(一) 人才及研发投入

在人才及研发投入方面,通过对7个县(市、区)在人才资本投资总量、人才资本投资占GDP比重、全社会的研发投入、全社会研发投入占GDP比重(%)、人才专项发展资金投入、人才专项发展资金投入占当地公共财政收入比重(%)等指标的指数化处理及聚类分析,结果发现,如下图2-1所示,海宁市的研发与人才投入指数最高,桐乡市、平湖市的人才投入指数分别居第二位和第三位。

在人才资本投资总量方面,如图2-2所示,海宁市的投资总量最高,达到636 731万元;南湖区、秀洲区的投资总量均为577 716万元,并列第二位。在年均增长率方面①,海盐县在人才资本投资

① 本书中所出现的年均增长率如无特殊注明,均表示该指标2011—2015年的年均增长率。

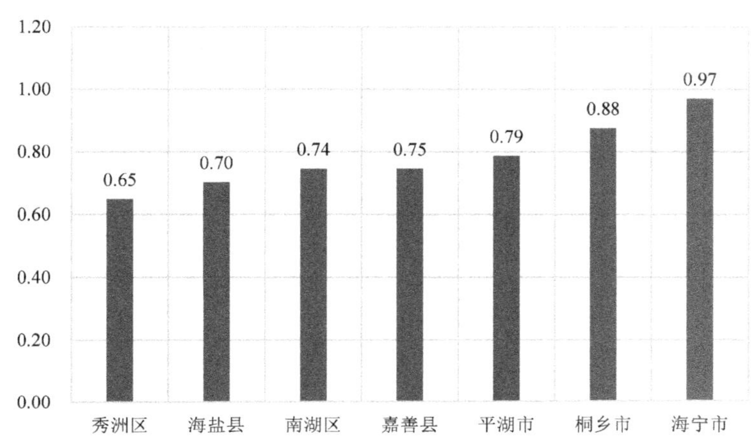

图 2-1　嘉兴市县域人才及研发投入指数排名

总量方面的年均增长率最高，达到 16.36%；海宁市在人才资本投资总量方面的年均增长率达到 12.52%，处于第二位；南湖区和秀洲区在人才资本投资总量方面的年均增长率为 10.30%，并列第三位。

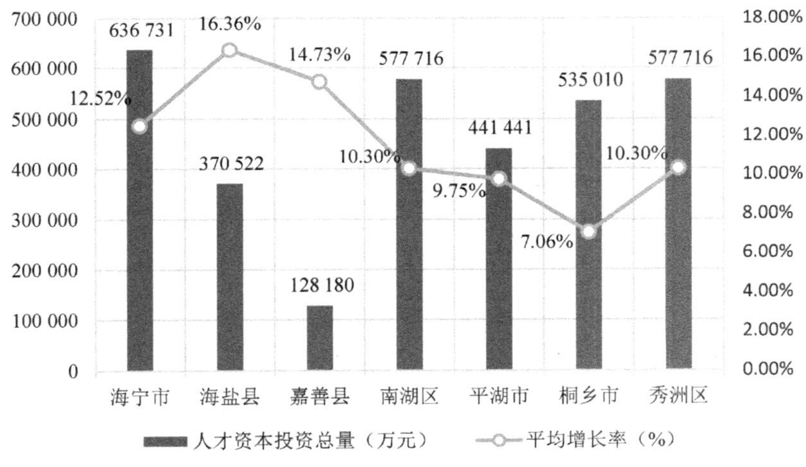

图 2-2　嘉兴市县域人才资本投资总量要素比较

在人才资本投资占 GDP 比重方面，如图 2-3 所示，海盐县的人才资本投资占 GDP 比重最高，达到 9.66%；平湖市的人才资本投资占 GDP 比重达到 9.13%,居于第二位;海宁市的人才资本投资占 GDP 比重达到 9.08%,居于第三位。在年均增长率方面,海盐县在人才资本投资占 GDP 比重方面的年均增长率最高,达到 7.03%;嘉善县在人才资本投资占 GDP 比重方面的年均增长率达到 6.08%,处于第二位;海宁市在人才资本投资占 GDP 比重方面的年均增长率达到 5.07%,处于第三位。

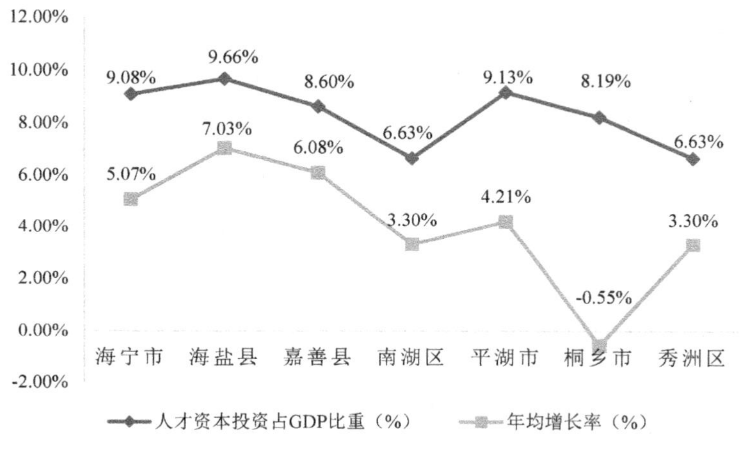

图 2-3 嘉兴市县域人才资本投资占 GDP 比重要素比较

在全社会的研发投入方面,如图 2-4 所示,海宁市全社会的研发投入最高,达到 191 846 万元;桐乡市全社会的研发投入达到173 500万元,居于第二位;南湖区全社会的研发投入达到146 700 万元,居于第三位。在年均增长率方面,秀洲区全社会的研发投入方面的年均增长率最高,达到 19.65%;海宁市全社会的研发投入方面的年均增长率达到 13.42%,处于第二位;海盐县全社会的研发投入方面的年均增长率达到 13.31%,并列第三位。

在全社会的研发投入占 GDP 比重方面,如图 2-5 所示,南湖区全社会的研发投入占 GDP 比重最高,达到 3.12%;嘉善县全社会的研发投入占 GDP 比重达到 2.77%,居于第二位;海宁市全社

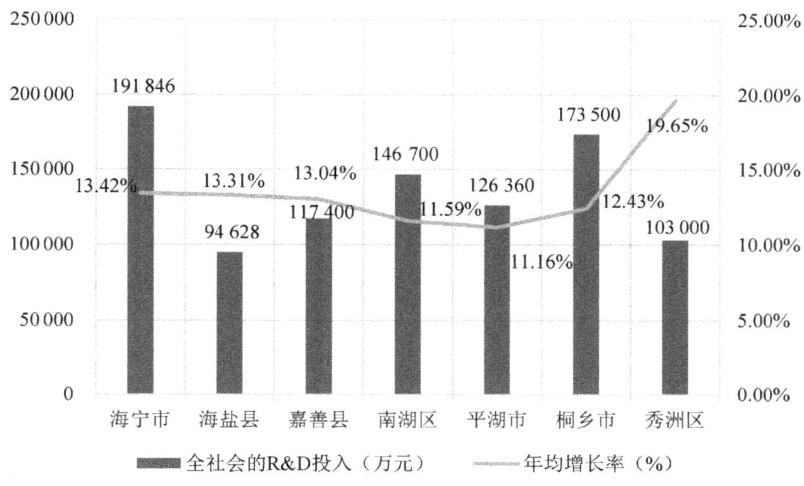

图 2-4　嘉兴市县域全社会的研发投入要素比较

会的研发投入占 GDP 比重达到 2.74%，居于第三位。在年均增长率方面，秀洲区全社会的研发投入占 GDP 比重的年均增长率最高，达到 12.36%；海宁市全社会的研发投入占 GDP 比重的年均增长率达到 5.90%，处于第二位；嘉善县全社会的研发投入占 GDP 比重的年均增长率达到 5.48%，处于第三位。

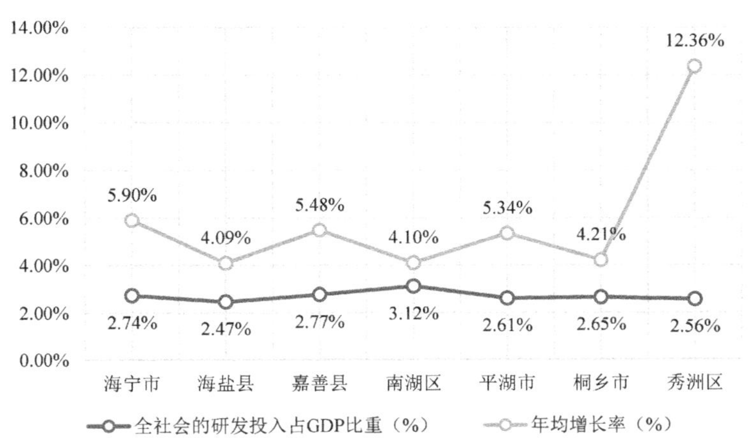

图 2-5　嘉兴市县域全社会的研发投入占 GDP 比重要素比较

在人才专项发展资金投入方面,如图 2-6 所示,海宁市的人才专项发展资金投入最高,13 889.24 万元;桐乡市的人才专项发展资金投入达到 11 327 万元,居于第二位;平湖市的人才专项发展资金投入达到 9 329.85 万元,居于第三位。在年均增长率方面,嘉善县的人才专项发展资金投入的年均增长率最高,达到 44.18%;海宁市的人才专项发展资金投入的年均增长率达到 38.21%,处于第二位;平湖市的人才专项发展资金投入的年均增长率达到 32.33%,处于第三位。

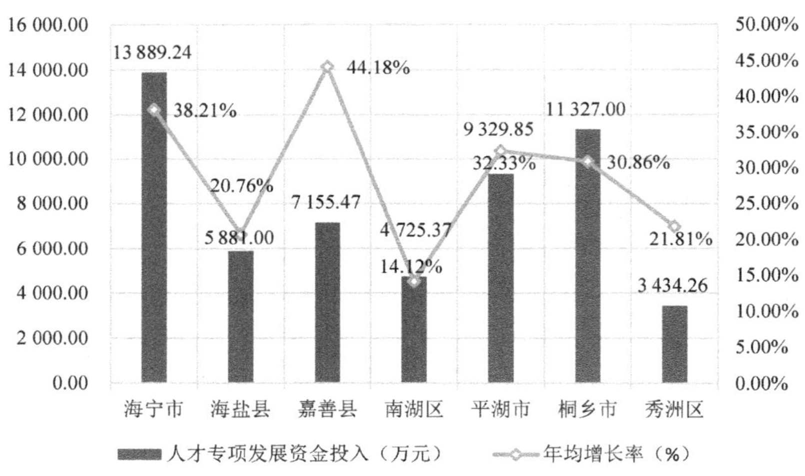

图 2-6 嘉兴市县域人才专项发展资金投入要素比较

在人才专项发展资金投入占公共财政收入比重方面,如图 2-7 所示,海宁市的人才专项发展资金投入占公共财政收入比重最高,达到 2.01%;嘉善县和桐乡市的人才专项发展资金投入占公共财政收入比重均达到 2.00%,并列第二位。在年均增长率方面,嘉善县的人才专项发展资金投入占公共财政收入比重的年均增长率最高,达到 31.70%;海宁市的人才专项发展资金投入占公共财政收入比重的年均增长率达到 19.49%,处于第二位;平湖市的人才专项发展资金投入占公共财政收入比重

的年均增长率达到18.49％，处于第三位。

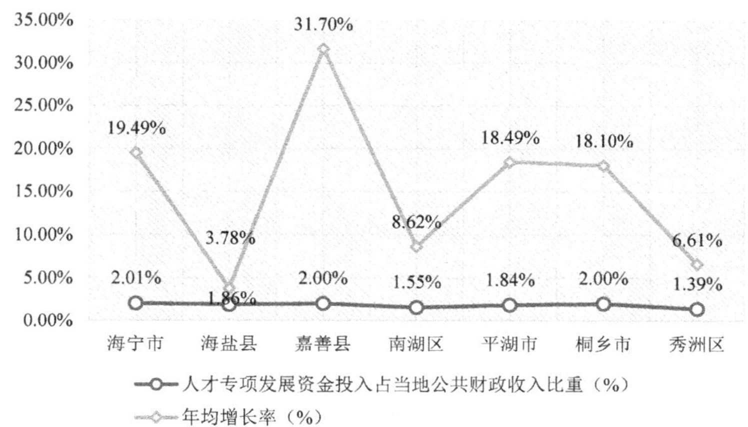

图 2－7　嘉兴市县域人才专项发展资金投入
占公共财政收入比重要素比较

（二）载体投入

县域人才发展平台是衡量县域在为人才提供发挥作用的“用武之地”及长远发展方面的竞争力，是衡量县域能否引进、留住、发挥人才活力及后劲的重要指标。

在人才的载体投入方面，通过对 7 个县（市、区）省级以上高新技术园区数量、市级以上众创空间数量、市级以上众创空间场地面积占地区总面积比重（％）、市级以上科技孵化器数量、科技孵化器场地面积占地区总面积比重（％）、院士工作站数、博士后科研工作站（流动站）数、博士后工作驿站数、省级重点企业研究院数量及省、市企业研发中心数量等指标的指数化处理及聚类分析，结果发现，如图 2－8 所示，南湖区的载体投入指数最高，达到 0.91；秀洲区的载体投入指数达到 0.60，居于第二位；海宁市的载体投入指数为 0.40，排在第三位。

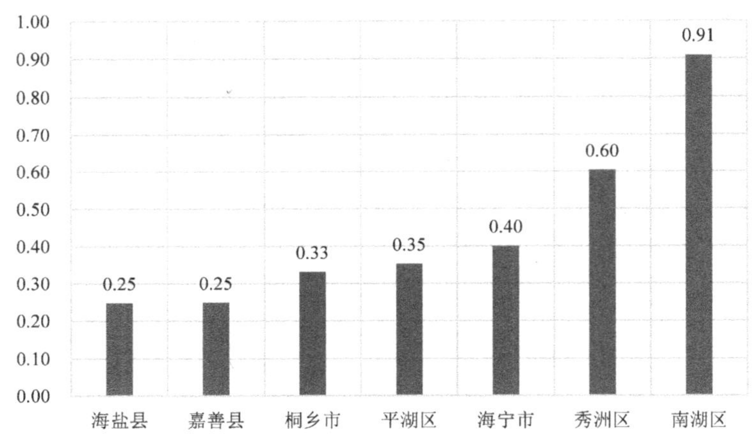

图 2-8 嘉兴市县域载体投入指数比较

载体投入的具体指标的客观数据如表 2-1 所示，南湖区、秀洲区、海宁市拥有省级高新技术园区；南湖区和秀洲区的市级众创空间较多，分别拥有 6 个和 5 个市级众创空间；南湖区的市级众创空间面积占总面积比重最高，为 0.019 96%，秀洲区的市级众创空间面积占总面积比重为 0.003 9%，排在第二位。南湖区拥有的市级以上科技孵化器最多，达到 8 个；科技孵化器占地区面积比重也是南湖区最高，达到 0.111%。南湖区拥有的院士工作站最多，达到 14 家，海宁市拥有 10 家院士工作站，排在第二位，平湖市和桐乡市均拥有 9 家院士工作站，并列第三位。南湖区和秀洲区拥有的博士后工作站最多，各拥有 4 家。秀洲区的省级重点企业研究院最多，拥有 6 家。南湖区拥有的省、市企业研发中心最多，达到 146 家，海盐县和海宁市分别拥有 117 家和 110 家，排在第二位和第三位。在载体投入方面，本书重点对院士工作站和省、市企业研发中心的数量及年均增长率进行比较。

在院士工作站的投入、建设方面，如图 2-9 所示，南湖区拥有的院士工作站最多，达到 14 家；海宁市拥有 10 家院士工作站，排在第二位；平湖市和桐乡市均拥有 9 家院士工作站，并列第三位。在年

表 2－1　载体投入列表①

	海　宁	海　盐	嘉　善	南　湖	平　湖	桐　乡	秀　洲
省级高新技术园	1	0	0	1	0	0	1
市级众创空间	1	1	0	6	3	3	5
市级众创空间面积占总面积比重	0.000 055 4%	0.000 8%	0	0.019 96%	0.000 24%	0.000 63%	0.003 9%
市级以上科技孵化器数量	1	1	1	8	3	2	3
科技孵化器占地区面积比重	0.01%	0.003%	0.023 7%	0.111%	0.058 1%	0.019%	0.023%
院士工作站	10	8	5	14	9	9	3
博士后流动工作站	1	2	3	4	2	2	4
省重点企业研究院	3	0	1	1	0	1	6
省、市企业研发中心	110	117	92	146	90	105	88

均增长率方面，海盐县的院士工作站设立的年均增长率最高，达到74.40%；嘉善县的院士工作站设立的年均增长率达到54.17%，处于第二位；平湖市和桐乡市的院士工作站设立的年均增长率达到48.39%，并列第三位。

在省、市企业研发中心的投入、建设方面，如图2－10所示，南湖区拥有的省、市企业研发中心最多，达到146家；海盐县拥有117家省、市企业研发中心，排在第二位；海宁市拥有110家省、市企

① 数据来源：2015年调查统计数据。

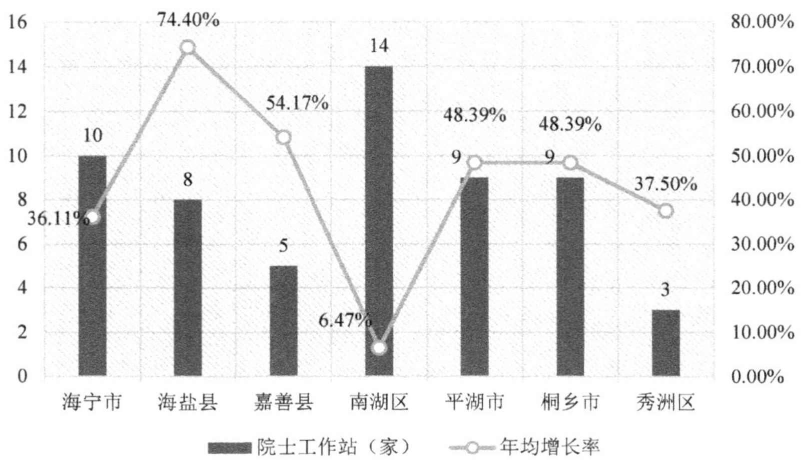

图 2-9 嘉兴市县域院士工作站要素比较

业研发中心，排在第三位。在年均增长率方面，桐乡市的省、市企业研发中心设立的年均增长率最高，达到 38.01%；海盐县的省、市企业研发中心设立的年均增长率达到 34.68%，处于第二位；海宁市的省、市企业研发中心设立的年均增长率达到 32.66%，处于第三位。

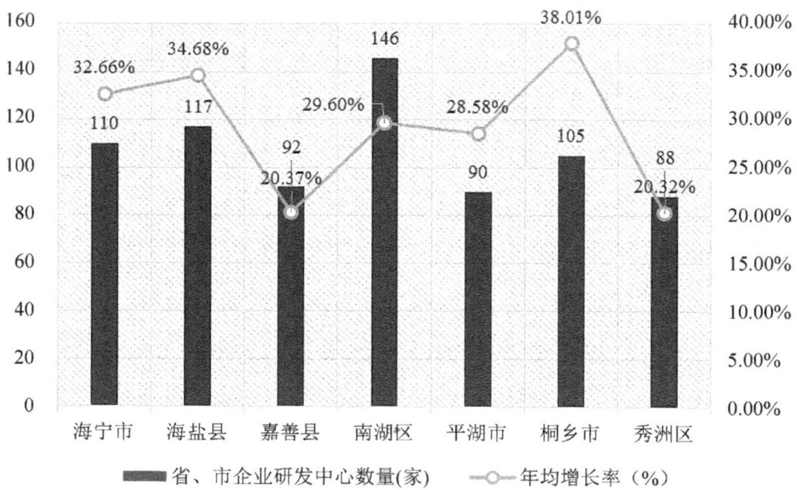

图 2-10 嘉兴市县域省、市企业研发中心要素比较

（三）公共服务投入

在人才的公共服务投入方面，通过对 7 个县（市、区）在一般财政预算中教育支出、一般财政预算中医疗卫生支出、一般财政预算中科技支出等三方面财政支出占 GDP 比重的数据的指数化处理及聚类分析，结果发现，如图 2-11 所示，秀洲区的公共服务投入指数最高，达到 0.99；海宁市和嘉善县的公共服务投入指数为 0.91，并列第二位；桐乡市和平湖市的公共服务投入指数为 0.85，并列第三位。

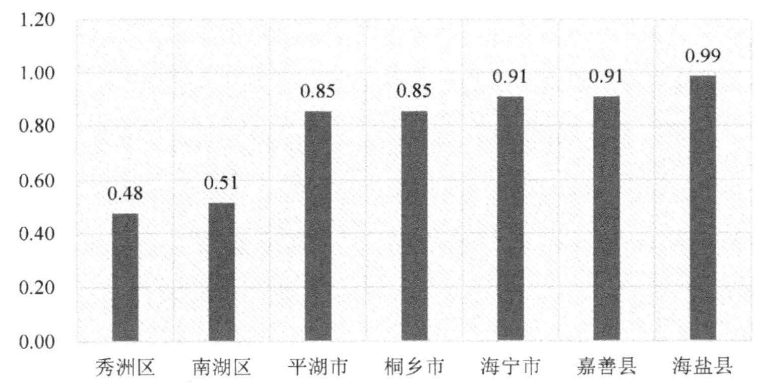

图 2-11　嘉兴市县域省、市公共服务投入指数比较

在教育投入方面，如图 2-12 所示，海盐县的一般财政预算中教育支出占 GDP 比重最高，达到 2.89%；海宁市的一般财政预算中教育支出占 GDP 比重达到 2.64%，处于第二位；平湖市的一般财政预算中教育支出占 GDP 比重达到 2.62%，排在第三位。在年均增长率方面，平湖市的教育支出占 GDP 比重的年均增长率最高，达到 9.08%；海宁市的教育支出占 GDP 比重的年均增长率达到 8.63%，处于第二位；海盐县的教育支出占 GDP 比重的年均增长率达到 8.50%，排在第三位。

在医疗卫生投入方面，如图 2-13 所示，嘉善县的一般财政预算中医疗卫生支出占 GDP 比重最高，达到 0.85%；海盐县的一般财政预算中医疗卫生支出占 GDP 比重达到 0.81%，处于第二位；

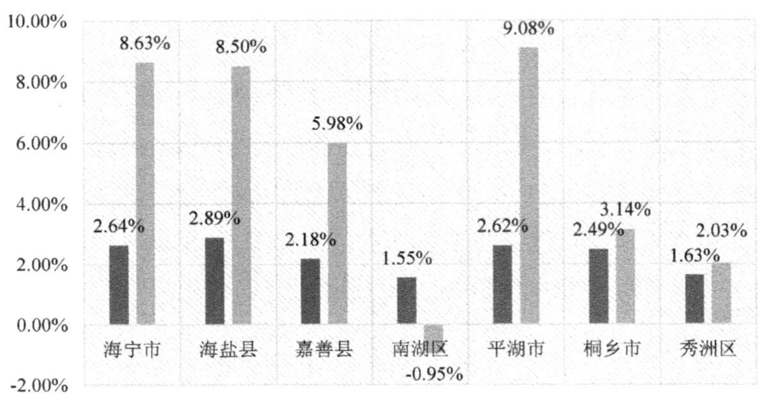

图 2－12　嘉兴市县域一般财政预算中教育支出占 GDP 比重要素比较

桐乡市的一般财政预算中医疗卫生支出占 GDP 比重达到 0.78%，排在第三位。在年均增长率方面，海盐县的医疗卫生支出占 GDP 比重的年均增长率最高，达到 16.50%；嘉善县的医疗卫生支出占 GDP 比重的年均增长率达到 12.99%，处于第二位；海宁市的医疗卫生支出占 GDP 比重的年均增长率达到 12.30%，排在第三位。

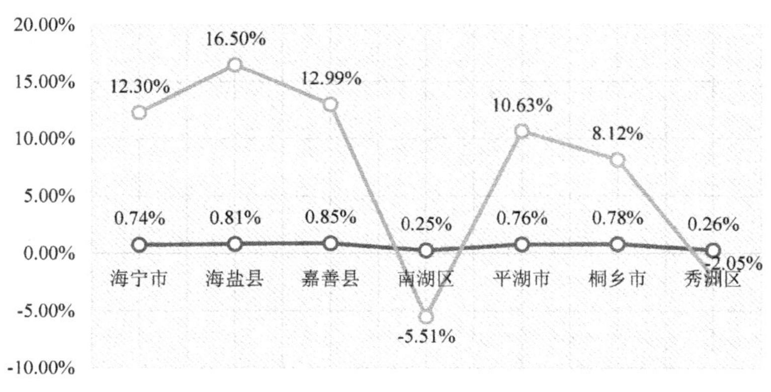

图 2－13　嘉兴市县域一般财政预算中医疗卫生支出占 GDP 比重要素比较

在科技投入方面，如图 2 - 14 所示，海盐县的一般财政预算中科技支出占 GDP 比重最高，达到 0.50%；嘉善县的一般财政预算中科技支出占 GDP 比重达到 0.49%，处于第二位；海宁市的一般财政预算中科技支出占 GDP 比重达到 0.47%，排在第三位。在年均增长率方面，嘉善县的科技支出占 GDP 比重的年均增长率最高，达到 17.56%；南湖区的科技支出占 GDP 比重的年均增长率达到 17.14%，处于第二位；秀洲区的科技支出占 GDP 比重的年均增长率达到 15.59%，排在第三位。

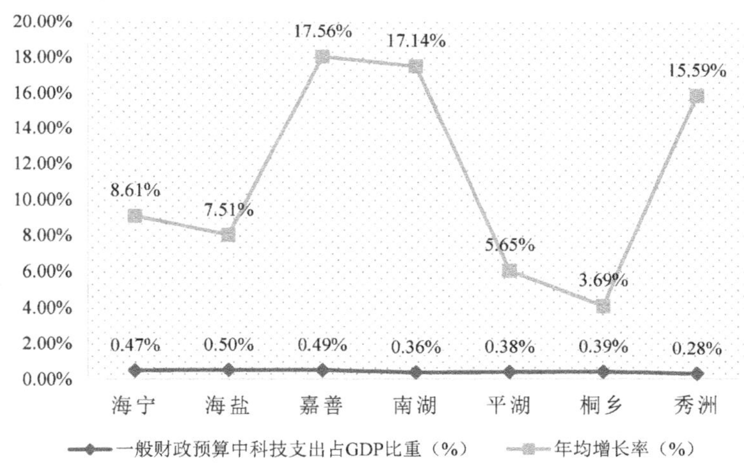

图 2 - 14 嘉兴市县域一般财政预算中科技支出占 GDP 比重要素比较

通过对嘉兴市 7 个县(市、区)在人才投入各要素之间的横向比较和其在 2011—2015 年之间人才投入的纵向比较，课题组发现，7 个县(市、区)的人才投入力度、结构存在显著的差异，带来这些县域在未来人才工作开展和经济社会发展方面的差异。主要包括以下几种模式：

(1) 重人才专项投入模式。此类模式以海宁市和嘉善县为代表。数据显示，海宁市在人才投资总量方面占据优势地位，嘉善县在人才投资占 GDP 比重方面占据优势地位。通过对数据的进一步分析，海宁市、嘉善县的人才资本投入主要集中在人才专项资金投入以及人才的公共服务投入方面，以人才作为扶持核心来推动当地人才工作的开展。

(2) 重研发投入和载体平台建设模式。此类模式以南湖区和秀洲区为代表。南湖区、秀洲区的研发投入占 GDP 比重比较高，在通过对数据的进一步分析发现，南湖区、秀洲区的研发研发投入大多流向当地的院士工作站、企业研发中心、市级众创空间、科技孵化器等载体平台建设，因此，这两个县域在载体投入和建设方面也占据优势。由此可见，南湖区、秀洲区是以研发导向的人才平台建设作为当地人才发展的重点。但是，南湖区、秀洲区重视研发投入和载体平台建设的同时在公共服务投入方面凸显不足。毕竟，在人才的发展过程中，良好的人才服务也是保障人才在当地工作、生活的重要因素。

(3) 重公共服务投入。以海宁市、海盐县、桐乡市、平湖市为代表。通过对横向、纵向数据的比较分析，海宁市、海盐县、桐乡市、平湖市的教育投入、医疗卫生投入、科技投入占 GDP 比重都比较高，由此看来，这些县域更加注重公共服务投入，注重人才的保障性服务和工作生活环境，以人才的生活环境和人才的保障服务为核心，提高人才的工作生活满意度作为人才投入的重点，即人才工作的重点。

二、嘉兴市县域人才产出比较

(一) 人才数量产出

在人才的数量产出方面，通过对 7 个县(市、区)人才资源总量、企业经营管理人才数量、专业技术人才数量、高技能人才数量、农村实用人才数量、社会工作人才数量的指数化处理及聚类分析，结果发现，如图 2 - 15 所示，南湖区的人才数量产出指数最高，达到 0.77；平湖市的人才数量产出指数为 0.70，处于第二位；海宁市的人才数量产出指数为 0.69，处于第三位。

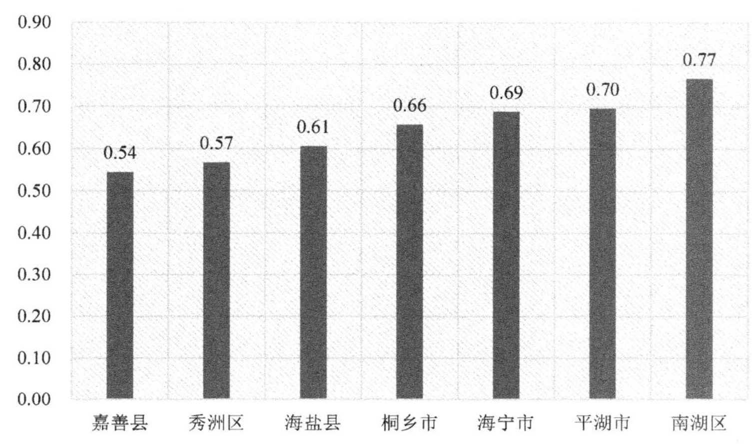

图 2-15　嘉兴市县域人才的数量产出指数比较

在人才资源总量方面，如图 2-16 所示，南湖区的人才资源总量最大，达到 20.93 万人；秀洲区的人才资源总量达到 20.73 万人，处于第二位；桐乡市的人才资源总量达到 18.14 万人，排在第三位。在年均增长率方面，桐乡市人才资源总量的年均增长率最高，达到 15.38%；海宁市人才资源总量的年均增长率达到 11.07%，排在第二位；平湖市人才资源总量的年均增长率达到 10.18%，排在第三位。

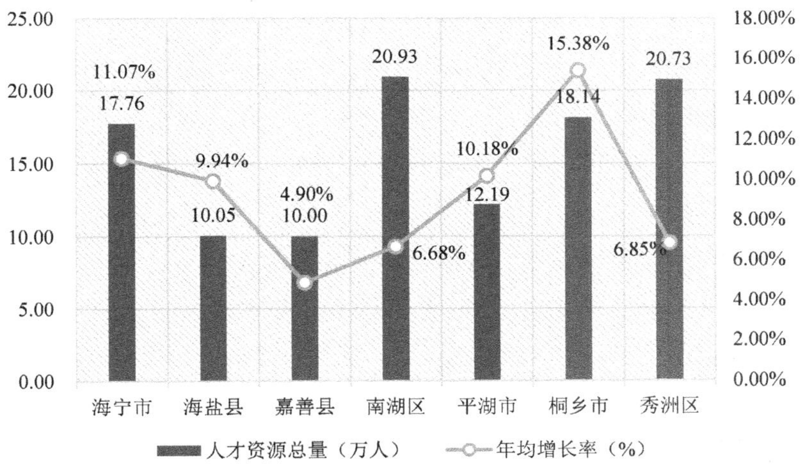

图 2-16　嘉兴市县域人才资源总量要素比较

在企业经营管理人才数量方面,如图 2－17 所示,秀洲区的企业经营管理人才数量最大,达到 63 244 人;平湖市的企业经营管理人才数量达到 62 108 人,处于第二位;南湖区的企业经营管理人才数量达到 58 031 人,排在第三位。在年均增长率方面,秀洲区企业经营管理人才数量的年均增长率最高,达到 20.53%;南湖区企业经营管理人才数量的年均增长率达到 16.84%,排在第二位;平湖市企业经营管理人才数量的年均增长率达到 3.67%,排在第三位。

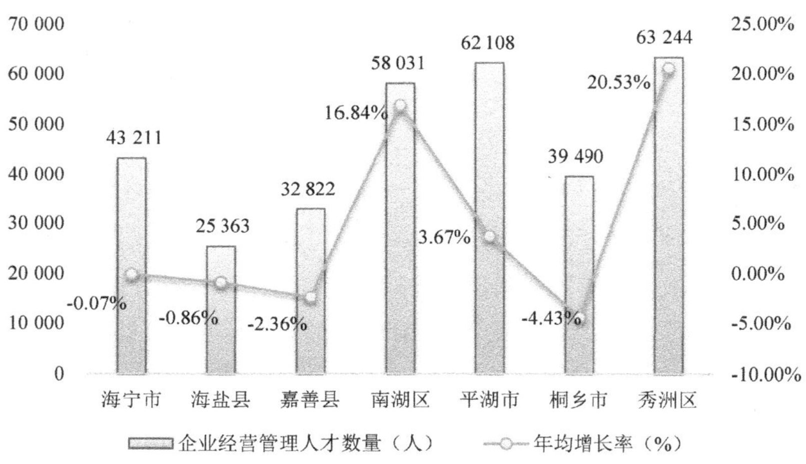

图 2－17 嘉兴市县域企业经营管理人才数量要素比较

在专业技术人才数量方面,如图 2－18 所示,南湖区的专业技术人才数量最大,达到 173 929 人;海盐县的专业技术人才数量达到 60 105 人,处于第二位;海宁市的专业技术人才数量达到 51 364 人,排在第三位。在年均增长率方面,南湖区专业技术人才数量的年均增长率最高,达到 21%;海盐县专业技术人才数量的年均增长率达到 14.67%,排在第二位;秀洲区专业技术人才数量的年均增长率达到 7.48%,排在第三位。

在高技能人才数量方面,如图 2－19 所示,南湖区的高技能人才数量最大,达到 67 486 人;平湖市的高技能人才数量达到 40 513 人,处于第二位;海盐县的高技能人才数量达到 35 987 人,排在第三位。

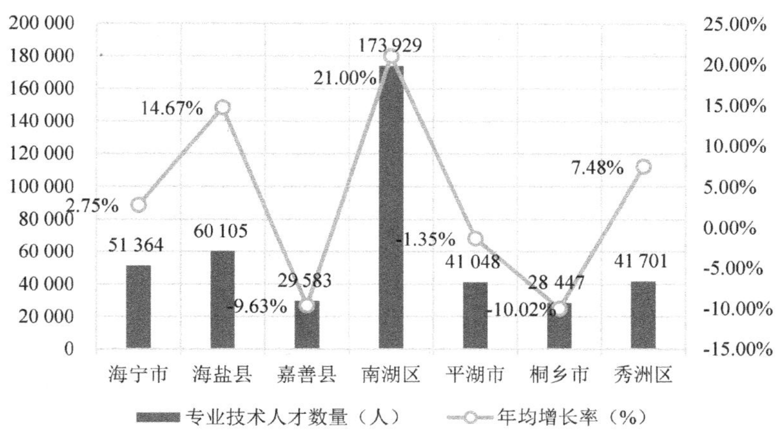

图 2－18　嘉兴市县域专业技术人才数量要素比较

在年均增长率方面，南湖区高技能人才数量的年均增长率最高，达到31.25%；海盐县高技能人才数量的年均增长率达到28.03%，排在第二位；平湖市高技能人才数量的年均增长率达到 6.05%，排在第三位。

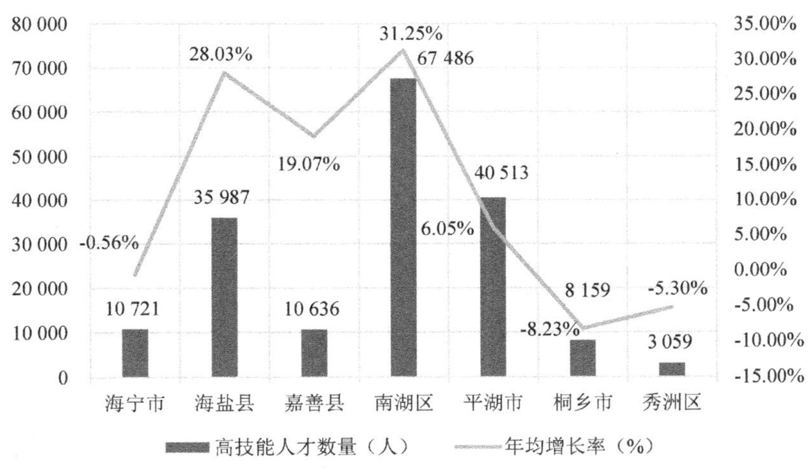

图 2－19　嘉兴市县域高技能人才数量要素比较

在农村实用人才数量方面，如图 2－20 所示，桐乡市的农村实用人才数量最大，达到 13 671 人；嘉善县的农村实用人才数量达到13 552 人，处于第二位；海盐县的农村实用人才数量达到 12 940

人,排在第三位。在年均增长率方面,平湖市农村实用人才数量的年均增长率最高,达到 23.05%;南湖区农村实用人才数量的年均增长率达到 22.95%,排在第二位;海宁市和海盐县农村实用人才数量的年均增长率均达到 12.54%,并列第三位。

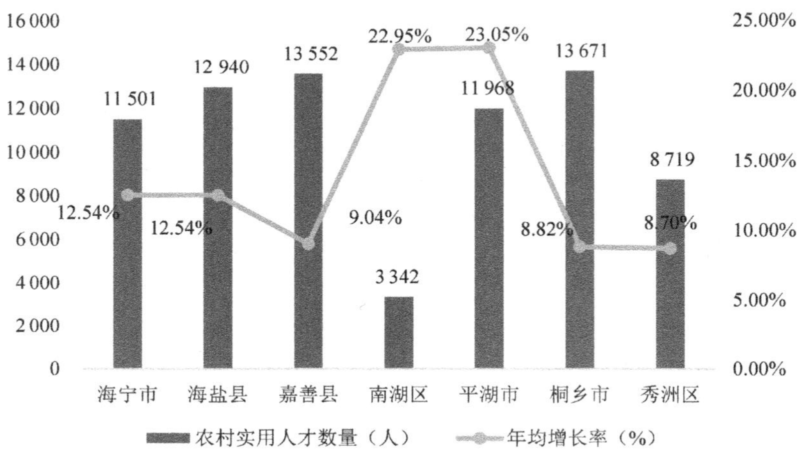

图 2-20 嘉兴市县域农村实用人才数量要素比较

在社会工作人才数量方面,如图 2-21 所示,海宁市的社会工作人才数量最大,达到 2 360 人;海盐县的社会工作人才数量达到 1 960人,处于第二位;桐乡市的社会工作人才数量达到 1 955 人,排在第三位。在年均增长率方面,海宁市社会工作人才数量的年均增长率最高,达到 39.63%;桐乡市社会工作人才数量的年均增长率达到 26.94%,排在第二位;海盐县社会工作人才数量的年均增长率达到 23.40%,排在第三位。

(二) 人才质量产出

在人才的质量产出方面,通过对 7 个县(市、区)国家级重点人才、省级重点人才、市级重点人才、留学归国人员、从事研发活动人员数、每万从业人员中研发人员数、高层次人才占人才资源总量比例(%)、高技能人才占技能人才比例(%)、高考录取率(%)等数据

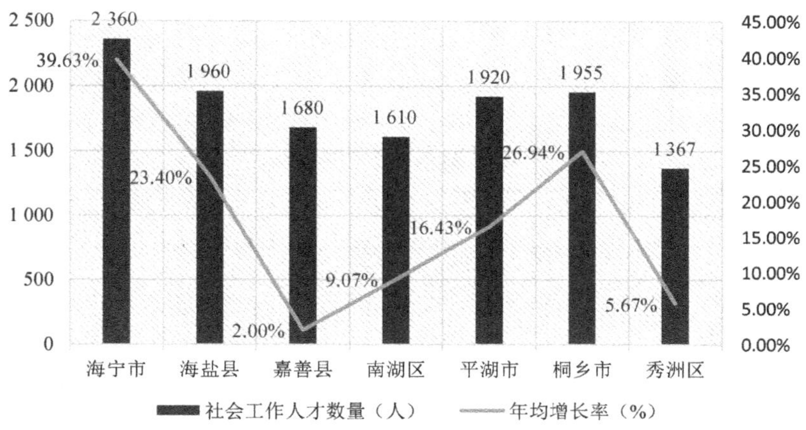

图 2 - 21　嘉兴市县域社会工作人才数量要素比较

进行指数化处理、加权计算及聚类分析，结果发现，如图 2 - 22 所示，南湖区的人才质量产出指数最高，作为标杆，记为 1；秀洲区的人才质量产出指数为 0.65，处于第二位；桐乡市和海宁市的人才质量产出指数为 0.50，并列第三位。

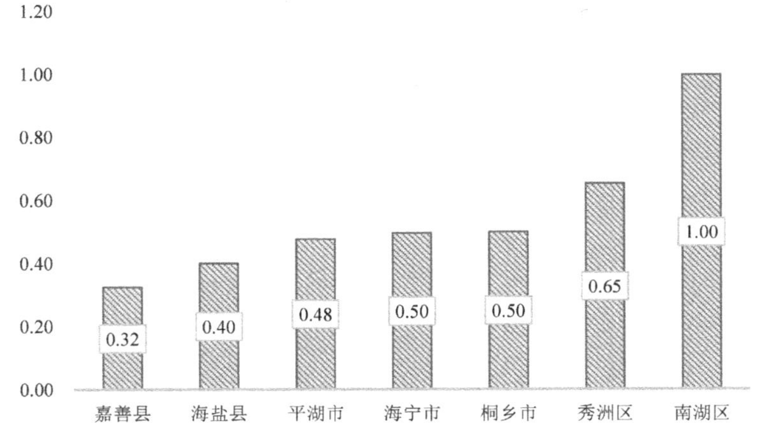

图 2 - 22　嘉兴市县域人才质量产出指数比较

在国家级人才竞争力方面，如表 2 - 2 所示，南湖区的国务院特殊津贴人才最多，达到 37 人；秀洲区拥有国务院特殊津贴人才 11

人，排在第二位；桐乡市拥有国务院特殊津贴人才 9 人，排在第三位；南湖区和秀洲区各拥有 1 名国家“百千万”人才。在“国千”人才方面，嘉善县的“国千”人才最多，达到 32 人；海宁市拥有“国千”人

表 2－2　高端人才竞争力列表(注①)

	海宁	海盐	嘉善	南湖	平湖	桐乡	秀洲
国务院特殊津贴人才	3	5	3	37	2	9	11
国家“百千万”人才				1			1
“国千”人才	27	6	32	25	15	11	14
其他类别国家级人才				1(注②)	1(注③)		
“省千”人才	17	7	18	28	16	7	24
省突出贡献中青年专家	2			5	1	1	3
省 151 人才工程专家	4	4	3	111	3	3	12
省领军创新创业团队	1						1
“钱江技能大奖”		1		1		1	
浙江省“首席技师”		3		1	2	1	1
省级工艺美术大师	1					2	
市企业技术创新团队	2	2	1	8	5	5	4
“南湖百杰”	30	23	22	115	31	31	38

注①　数据来源：2015 年调查统计数据。
注②　科技部创新创业人才。
注③　科技部创新创业人才。

才27人，排在第二位；南湖区拥有“国千”人才25人，排在第三位。另外，南湖区和平湖市还分别拥有1名科技部创新创业人才。在省级层次人才竞争力方面，南湖市、秀洲区、嘉善县排在前三位，分别拥有28名、24名、18名“省千”人才；南湖区的省级突出贡献中青年专家最多，达到5名，秀洲区和海宁市分别拥有3名和2名省级突出贡献中青年专家，排在第二位和第三位；南湖区的省151人才工程专家最多，达到111名；秀洲区拥有1个省级创新创业团队；南湖区、海盐县、桐乡市分别拥有1名“钱江技能大奖”获得者；海盐县和平湖市分别具有3名和2名浙江省“首席技师”，排在第一位和第二位，南湖区、秀洲区和桐乡市具有1名浙江省“首席技师”，并列第三名；桐乡市具有2名省级工艺美术大师，海宁市具有1名省级工艺美术大师。在市级人才竞争力方面，南湖区的市级企业技术创新团队最多，达到8个，平湖市和桐乡市均具有5个市级企业技术创新团队，并列第二位；南湖区拥有“南湖百杰”人才115人，排在第一位，秀洲区拥有“南湖百杰”人才38人，排在第二位，桐乡市和平湖市的“南湖百杰”人才均为31人，并列第三位。

在人才质量产出方面，本书重点对部分高层次人才(“国千”人才、“省千”人才、留学归国人员)、从事研发活动人数、每万从业人员中研发人员数、高层次人才占人才资源总量比例、高技能人才占技能人才比例、高考录取率等方面的竞争力及这些指标的年均增长率进行比较。

在“国千”人才的年均增长率方面，如图2-23所示，海宁市“国千”人才数量的年均增长率最高，达到150.00%；嘉善县“国千”人才数量的年均增长率达到133.11%，排在第二位；平湖市“国千”人才数量的年均增长率达到127.84%，排在第三位。

在“省千”人才的数量方面，如图2-24所示，南湖区的“省千”人才的数量最多，达到28人；秀洲区的“省千”人才的数量达到24

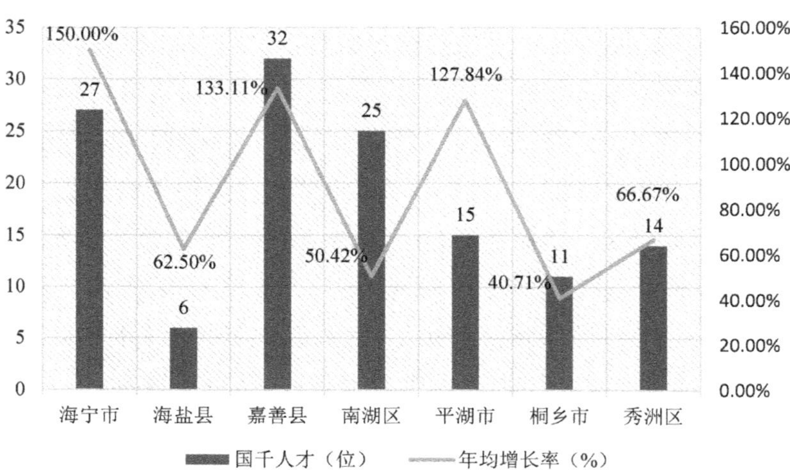

图 2-23 嘉兴市县域“国千”人才要素比较

人,处于第二位;嘉善县的“省千”人才的数量达到 18 人,排在第三位。在年均增长率方面,海盐县“省千”人才数量的年均增长率最高,达到 72.50%;海宁市“省千”人才数量的年均增长率达到 59.40%,排在第二位;嘉善县“省千”人才数量的年均增长率达到 54.73%,排在第三位。

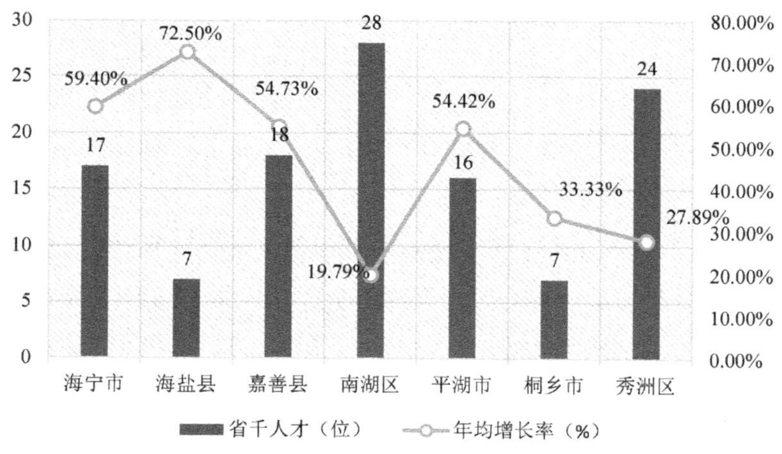

图 2-24 嘉兴市县域“省千”人才要素比较

在留学归国人员数量①方面，如图 2-25 所示，桐乡市的留学归国人员数量最多，达到 876 人；南湖区的留学归国人员达到 692 人，处于第二位；平湖市的留学归国人员达到 656 人，排在第三位。

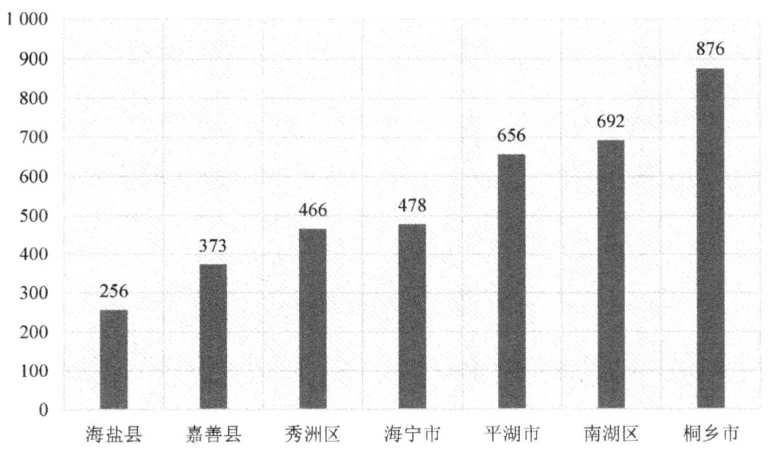

图 2-25　嘉兴市县域留学归国人员要素比较

在从事研发活动人员数量方面，如图 2-26 所示，海宁市从事研发活动人员的数量最多，达到 9 080 人；桐乡市从事研发活动人员的数量达到 6 417 人，处于第二位；秀洲区从事研发活动人员的数量达到 5 697 人，排在第三位。在年均增长率方面，秀洲区从事研发活动人员数量的年均增长率最高，达到 18.79%；桐乡市从事研发活动人员数量的年均增长率达到 11.41%，排在第二位；海宁市从事研发活动人员数量的年均增长率达到 10.73%，排在第三位。

在每万从业人员中研发人员数量方面，如图 2-27 所示，海宁市每万从业人员中研发人员数量最多，达到 144 人；秀洲区每万从业人员中研发人员数量达到 136 人，处于第二位；海盐县每万从业人员中研发人员数量达到 119 人，排在第三位。在年均增长率方

① 数据来源：2014 年嘉兴市侨情普查数据。

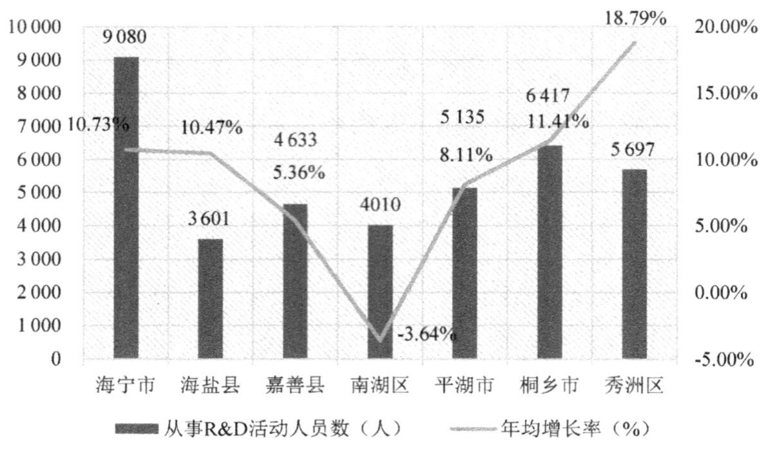

图 2-26 嘉兴市县域从事研发活动人员数要素比较

面，秀洲区每万从业人员中研发人员数量的年均增长率最高，达到15.46%；桐乡市每万从业人员中研发人员数量的年均增长率达到11.64%，排在第二位；平湖市每万从业人员中研发人员数量的年均增长率达到10.63%，排在第三位。

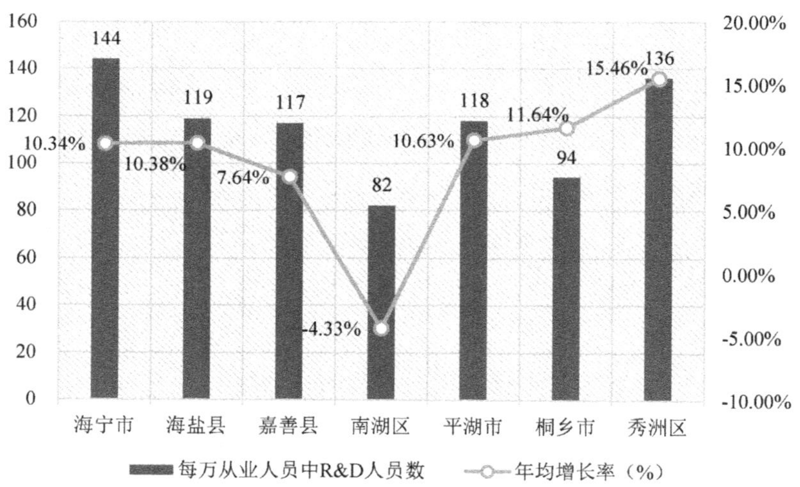

图 2-27 嘉兴市县域每万人从业人员中研发人员数要素比较

在高层次人才占人才资源比重方面，如图 2-28 所示，南湖区的高层次人才占人才资源比重最高，达到 3.68%；秀洲区的高层次人才占人才资源比重达到 3.65%，处于第二位；海盐县的高层次人才占人才资源比重达到 3.63%，排在第三位。在年均增长率方面，桐乡市高层次人才占人才资源比重增长最快，年增长率达到 145.19%；平湖市高层次人才占人才资源比重的年均增长率达到 46.04%，排在第二位；嘉善县高层次人才占人才资源比重的年均增长率达到 11.33%，排在第三位。

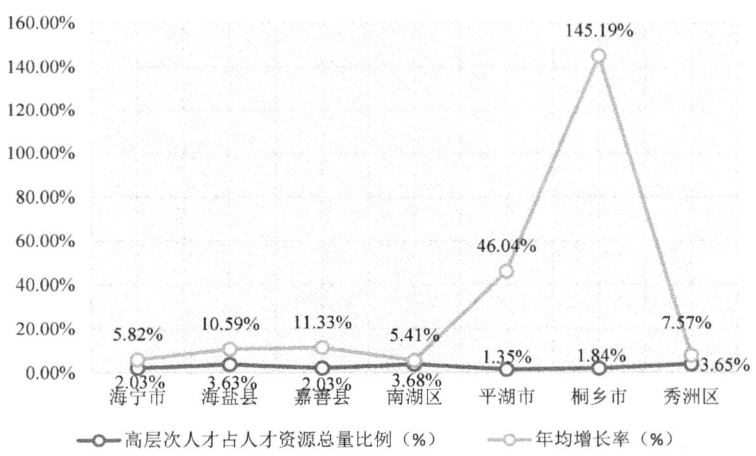

图 2-28　嘉兴市县域高层次人才占人才资源总量比例要素比较

在高技能人才占技能人才比例方面，如图 2-29 所示，南湖区的高技能人才占技能人才比例最高，达到 27.82%；桐乡市的高技能人才占技能人才比例达到 27.66%，排在第二位；秀洲市的高技能人才占技能人才比例达到 25.52%，排在第三位。在年均增长率方面，海盐县高技能人才占技能人才比例增长最快，年增长率达到 10.47%；嘉善县高技能人才占技能人才比例的年增长率达到 9.25%，排在第二位；桐乡市高技能人才占技能人才比例的年增长率达到 8.76%，排在第三位。

在高考录取率方面，如图 2-30 所示，平湖市的高考录取率最高，达到 98.13%；海盐县的高考录取率达到 97.84%，排在第二位；桐乡市的高考录取率达到 95.32%，排在第三位。在年均增长率方

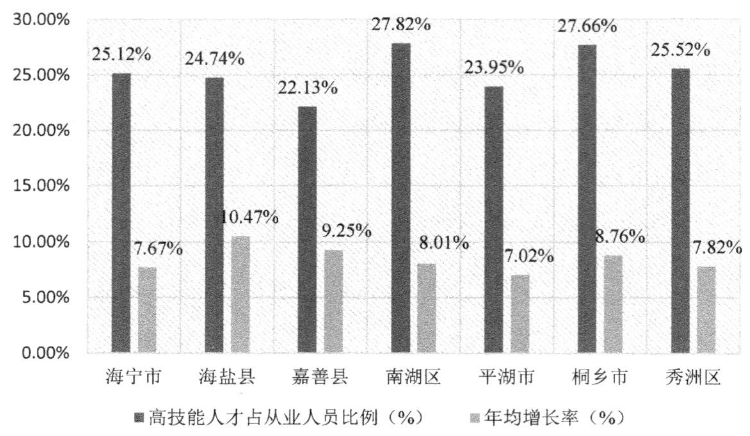

图 2-29　嘉兴市县域高技能人才占技能人才比例要素比较

面，南湖区和秀洲区的高考录取率增长最快，年增长率均达到1.63%；海宁市的高考录取率增速达到1.21%，排在第二位；嘉善县的高考录取率增速达到1.09%，排在第三位。

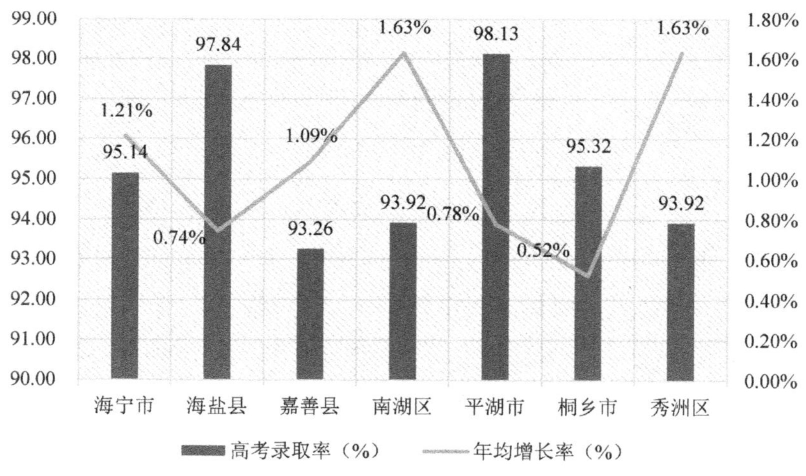

图 2-30　嘉兴市县域高考录取率要素比较

通过对嘉兴市7个县(市、区)在人才产出各要素之间的横向比较和其在2011—2015年间人才产出方面的纵向比较，课题组发现，7个县(市、区)的人才产出的数量、质量、结构存在显著的差异。其中，主要包括保质保量型人才发展模式、保质不保量型人才发展模式、保量不保质型人才发展模式、均衡型人才发展模式。

(1) 保质保量型人才发展模式。这类人才发展模式主要以南湖区为代表，基于对数据的分析显示，南湖区的人才数量产出指数和人才质量产出指数均为最高，与此同时，南湖区的人才产出数据分析中发现，该区从事研发工作人才(如从事研发活动人员数、每万从业人员中研发人员数)少，结合上述研究，再次印证南湖区相对较高的研发投入主要流向研发导向的人才平台建设。

(2) 保质不保量型人才发展模式。这类人才发展模式以秀洲区为代表，秀洲区的人才质量指数排在第二位，但是秀洲区的人才数量指数排在倒数第二位。基于调研数据进一步分析，秀洲区出现这种人才发展特征的重要原因是企业经营管理人才数量多，比如"国千"人才、"省千"人才比较多，高层次人才占人才资源总量的比例较高，但是秀洲区的专业技术人才和高技能人才缺乏，以"首席技师"等为代表的高层次技能人才也自然缺乏，在当地企业的发展过程中，高端的企业管理人才很难招聘到符合企业发展需要的技术人才，长期以往，将会成为当地产业结构转型升级的一大瓶颈。秀洲区从事研发工作人才(如从事研发活动人员数、每万从业人员中研发人员数)多，结合上述研究，再次印证秀洲区相对较高的研发投入主要流向研发工作人才。

(3) 保量不保质的人才发展模式。这类人才发展模式主要以海盐县和平湖市为代表。基于人才数量指数和人才质量指数分析，海盐县和平湖市的人才数量较多，但是人才质量指数偏低。基于数据进一步分析，主要是表现在高层次人才占人才资源总量比例低、专业技术人才缺乏、从事研发活动人员数较少。

(4) 质量和数量均衡型。一种情况是质量和数量相对均衡，在7个县(市、区)比较中处于中间水平，如桐乡市、海宁市；另一种情况是质量和数量都处于较低水平，如嘉善县。结合上述数据分析，嘉善县在人才投入过程中侧重人才专项资金和公共服务的投入，那么人才专项资金投入、公共服务投入的结构、重点是否符合当地人才发展的需要,值得进一步探讨和分析。

(5) 基于各县域人才产出方面的共性特征分析,除南湖区外,6个县(市、区)普遍存在专业技术人才缺乏、高技能人才缺乏的问题。例如,平湖市企业经济管理人才较多,但是专业技术人才、高技能人才尤其缺乏。从产业发展角度思考,当地的技术人才基础难以支撑当地高科技产业的长足发展。

三、嘉兴市县域人才环境评价

(一) 人才生活环境

在人才生活环境方面,通过对 7 个县(市、区)全年空气质量优良天率(%)、水功能区达标率(%)、居民消费指数、每万人教育机构数、每万人医疗机构数、社会保险覆盖率(%)等数据进行指数化处理、加权计算及聚类分析,结果发现,如图 2-31 所示,嘉善县的人才生活环境指数最高,达到 0.83;海盐县的人才生活环境指数达到 0.82,处于第二位;南湖区和海宁市的人才生活环境指数为 0.76,并列第三位。

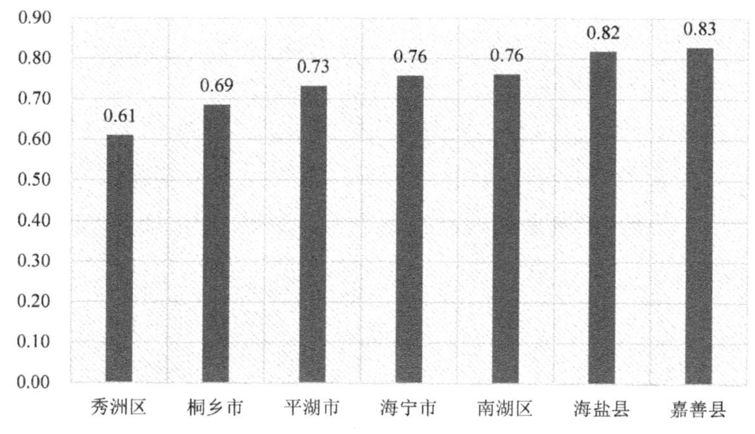

图 2-31 嘉兴市县域人才生活环境指数比较

在空气质量方面，如图 2－32 所示，桐乡市的空气质量最高，优良天率达到 82.00%；海盐县的空气质量排在第二位，优良天率达到 81.60%；平湖市的空气质量排在第三位，优良天率达到 78.6%。嘉兴市各县域的空气质量从 2011 年到 2015 年逐年下降，其中，海宁市的空气质量下降最快，年增长率达到－6.18%；南湖区和秀洲区的空气质量也下降非常快，年均增长率均达到－5.60%，并列倒数第二位；嘉善县空气质量的年均增长率达到－5.13%，排在倒数第三位。

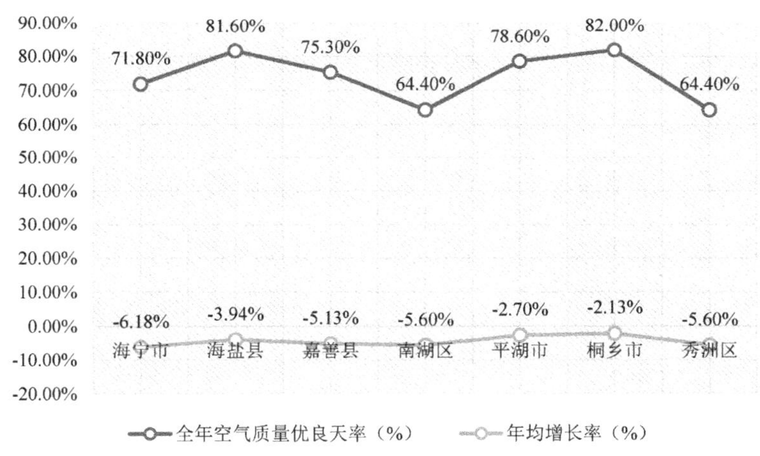

图 2－32　嘉兴市县域空气质量要素比较

在水源质量方面，如图 2－33 所示，嘉善县的水源质量最高，水功能区达标率达到 45.50%；海盐县的水源质量排在第二位，水功能区达标率达到 28.60%；南湖区的水源质量排在第三位，水功能区达标率达到 20.00%。

在居民消费指数方面，如图 2－34 所示，海宁市的居民消费指数最高，达到 102；南湖区、秀洲区、平湖市的居民消费指数达到 101，并列第二位。在年均增长率方面，海宁市的降幅最小，年均增长率达到－0.78%；南湖区、平湖市、秀洲区的年均增长率均为－1.08%。

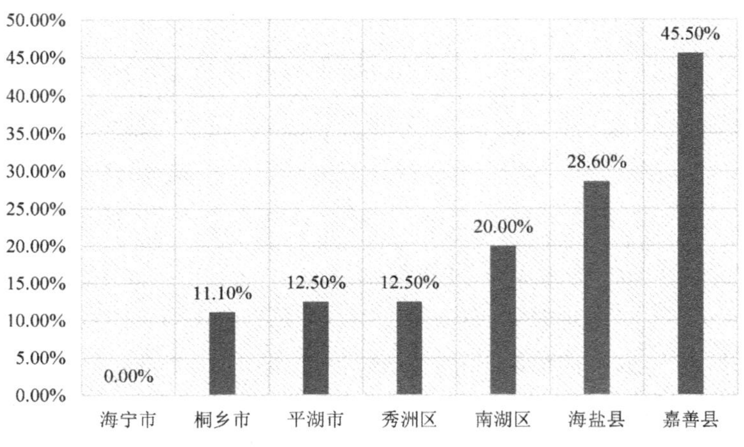

图 2-33 嘉兴市县域水源质量要素比较

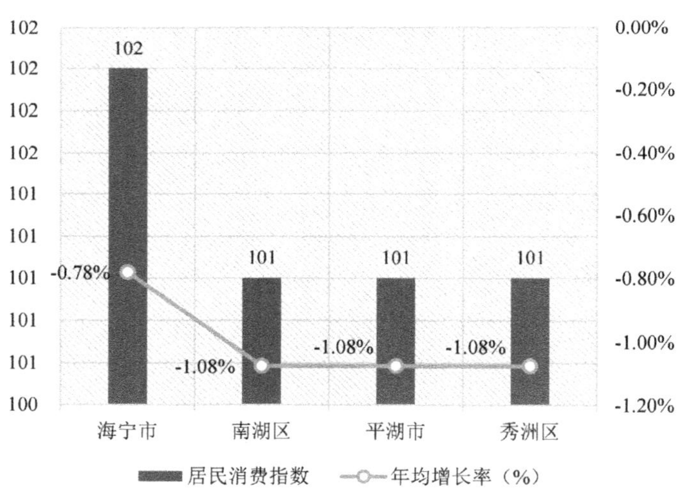

图 2-34 嘉兴市县域居民消费指数要素比较

在每万人拥有的教育机构方面，如图 2-35 所示，南湖区每万人拥有的教育机构最多，达到平均每万人 2.23 家；海宁市每万人拥有的教育机构达到平均每万人 2.05 家，排在第二位；海盐县每万人拥有的教育机构达到平均每万人 1.87 家，排在第三位。在年均增长率方面，嘉善县的年均增长率最高，达到 3.10%；海盐县的年均增长率达到 1.49%，排在第二位；其余县域均呈现负增长状态。

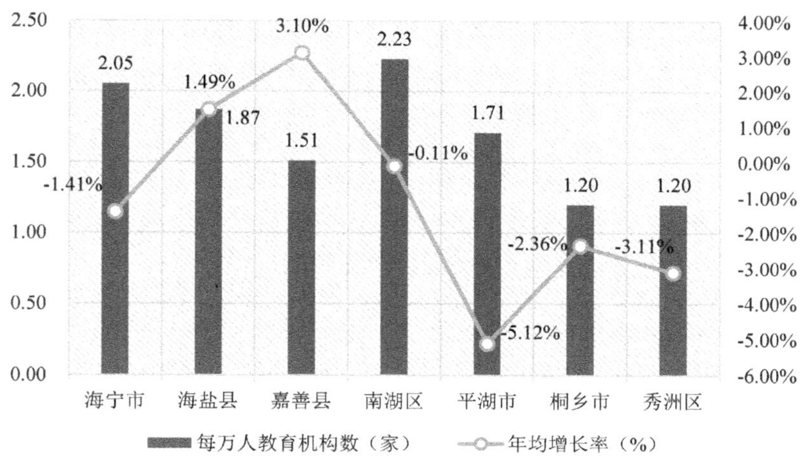

图 2－35　嘉兴市县域每万人拥有教育机构要素比较

在每万人拥有的医疗机构方面，如图 2－36 所示，海宁市每万人拥有的医疗机构最多，达到平均每万人 5.28 家；平湖市每万人拥有的医疗机构达到平均每万人 3.50 家，排在第二位；桐乡市每万人拥有的医疗机构达到平均每万人 3.43 家，排在第三位。在年均增长率方面，秀洲区的年均增长率最高，达到 1.41％；桐乡市的年均增长率达到 1.01％，排在第二位；南湖区的年均增长率达到 0.76％，排在第三位。

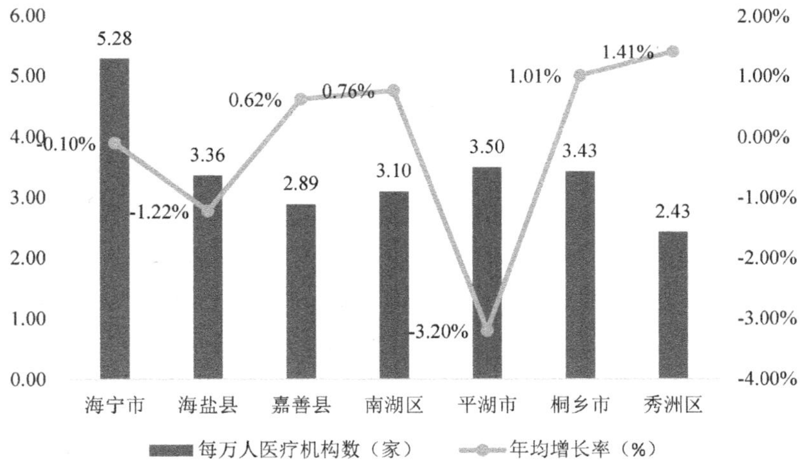

图 2－36　嘉兴市县域每万人拥有医疗机构要素比较

在社会保险覆盖率方面，如图 2-37 所示，嘉善县的社会保险覆盖率最高，达到 99.89%；桐乡市的社会保险覆盖率达到 99.79%，排在第二位；平湖市的社会保险覆盖率达到 99.76%，排在第三位。在年均增长率方面，嘉善县的年均增长率最高，达到 1.22%；海盐县的年均增长率达到 0.86%，排在第二位；南湖区和秀洲区的年均增长率均达到 0.71%，并列第三位。

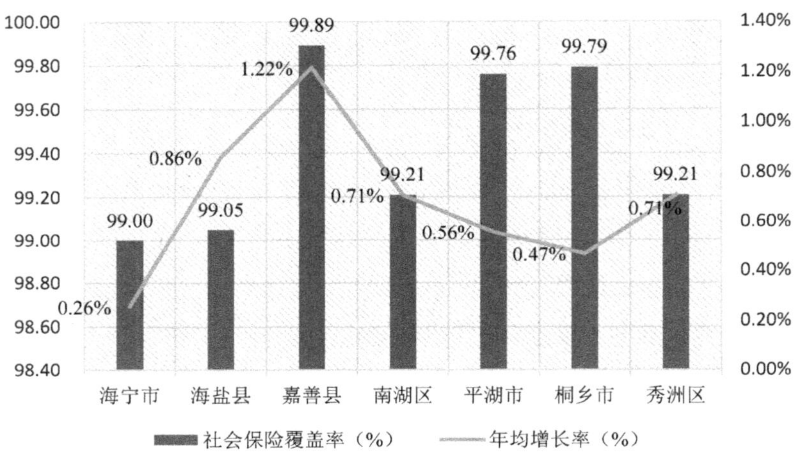

图 2-37 嘉兴市县域社会保险覆盖率要素比较

（二）人才市场环境

在人才市场环境方面，通过对 7 个县(市、区)在岗职工平均工资、研发人员平均工资、人才中介机构数、劳动争议案件申诉量、劳动争议案件立案数等数据进行指数化处理、加权计算及聚类分析，结果发现，如图 2-38 所示，海宁市的人才市场环境指数最高，达到 0.77；秀洲区的人才市场环境指数达到 0.72，处于第二位；南湖区的人才市场环境指数为 0.68，处于第三位。

关于在岗人员的平均工资方面，如图 2-39 所示，桐乡市在岗人员的平均工资最高，达到 52 511 元；海宁市在岗人员的平均工资达到 52 275 元，排在第二位；南湖区和秀洲区在岗人员的平均工资

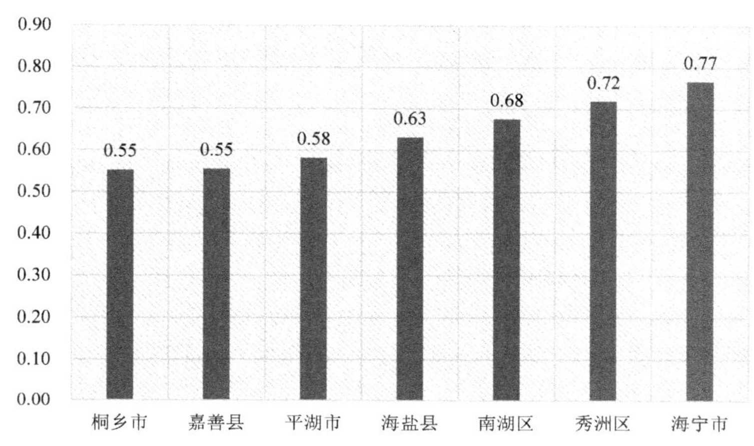

图 2－38　嘉兴市县域人才市场环境指数比较

达到 51 962 元，并列第三位。在年均增长率方面，南湖区和秀洲区的年均增长率最高，达到 11.72%；海宁市的年均增长率达到 11.64%，排在第二位；平湖市的年均增长率为 11.45%，排在第三位。

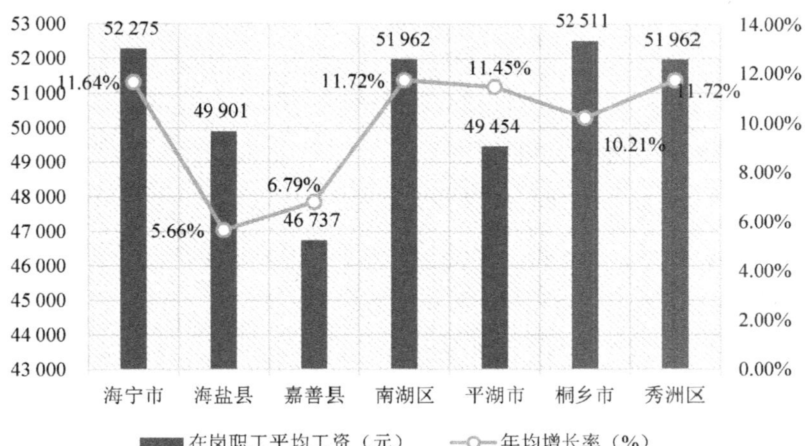

图 2－39　嘉兴市县域在岗人员平均工资要素比较

关于研发人员的平均工资方面，如图 2－40 所示，南湖区研发人员的平均工资最高，达到 99 542 元；海盐县研发人员的平均工资达到 96 474 元,排在第二位;秀洲区研发人员的平均工资达到 89 940 元,并列第三位。在年均增长率方面,嘉善县的年均增长率最高,达到 13.42%;平湖市的年均增长率达到11.15%,排在第二位;海宁市的年均增长率为 10.78%,排在第三位。

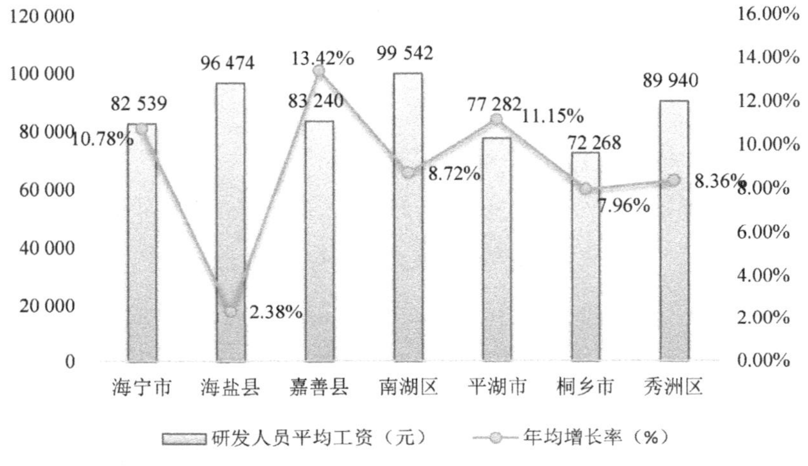

图 2-40 嘉兴市县域研发人员平均工资要素比较

在人才中介机构方面,如图 2-41 所示,海宁市的人才中介机构最多,达到 35 家;秀洲区的人才中介机构达到 23 家,排在第二位;南湖区的人才中介机构达到 13 家,排在第三位。在年均增长率方面,桐乡市的年均增长率最高,达到 400%;南湖区的年均增长率达到 162.50%,排在第二位;秀洲区的年均增长率为160.32%,排在第三位。

在劳动争议案件申诉量方面,如图 2-42 所示,嘉善县的劳动争议案件申诉量最多,达到 518 件;海宁市的劳动争议案件申诉量达到 514 件,排在第二位;桐乡市的劳动争议案件申诉量达到 477 件,排在第三位。在年均增长率方面,南湖区的年均增长率最高,达到 39.13%;平湖市的年均增长率达到 30.66%,排在第二位;嘉善县的年均增长率为 22.69%,排在第三位。

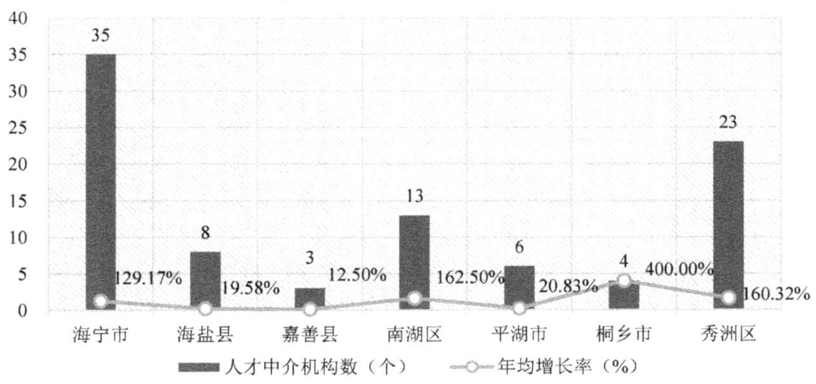

图 2-41　嘉兴市县域人才中介机构数要素比较

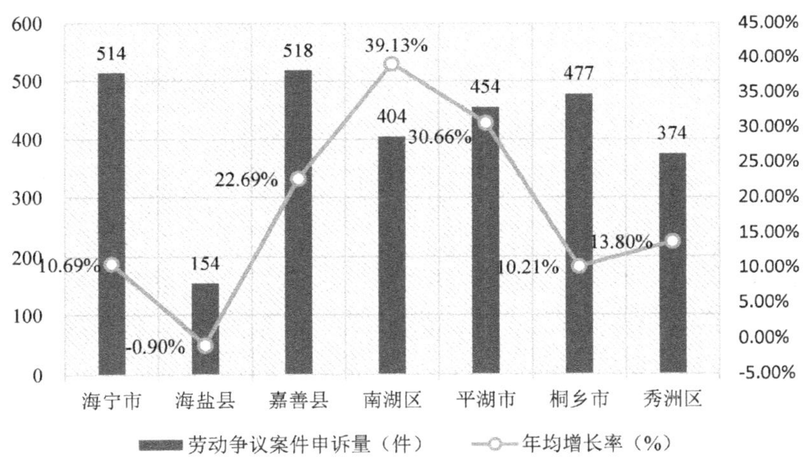

图 2-42　嘉兴市县域劳动争议案件申诉量状况

在劳动争议案件立案数方面，如图 2-43 所示，海宁市的劳动争议案件立案数最多，达到 469 件；嘉善县的劳动争议案件立案数达到 449 件；平湖市的劳动争议案件立案数达到 418 件，排在第三位。在年均增长率方面，南湖区的年均增长率最高，达到 39.61%；平湖市的年均增长率达到 38.38%，排在第二位；嘉善县的年均增长率为 20.90%，排在第三位。

通过对嘉兴市 7 个县(市、区)在人才环境各要素之间的横向比

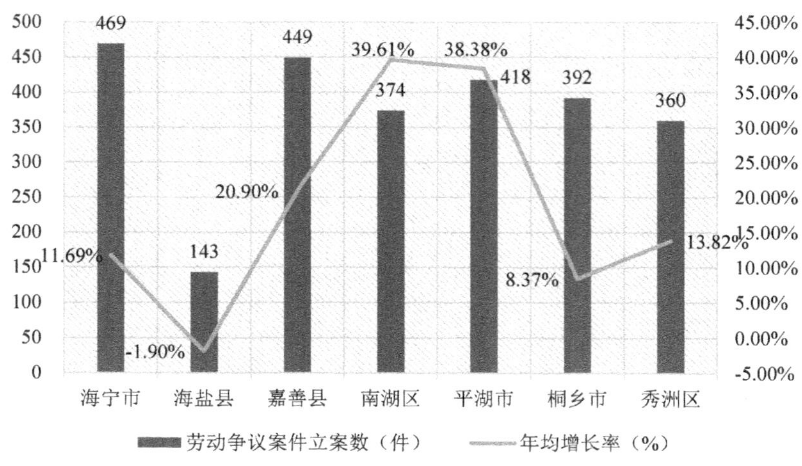

图 2-43　嘉兴市县域劳动争议案件立案数状况

较和其在 2011—2015 年之间人才环境的纵向比较,课题组发现,7 个县(市、区)对人才环境的重视程度存在显著差异。

(1) 县域的环境导向的人才发展方式主要包括生活环境导向型人才发展模式、人才市场导向型人才发展模式。生活环境导向型人才发展模式的典型代表是海盐县和嘉善县,在生活环境导向型人才发展模式中包括重视教育服务轻医疗服务的南湖区,包括教育服务、医疗服务并重的海宁市。人才市场导向型人才发展模式的典型代表是海宁市和秀洲区。总体而言,海宁市的人才生活环境和人才市场环境均得到良好的反馈,但是海宁市的空气质量、水源质量、物价水平一定程度上影响了海宁市人才的生活环境。

(2) 在人才市场发展环境中,南湖区的研发人员工资与当地在职人员的总体工资水平均较高,说明南湖区的研发人员的收入水平高是因为当地在职人员的总体工资水平较高,这里再次契合了南湖区的研发投入重点是在人才发展平台而非人才本身;海盐县、嘉善县的研发人员工资相比当地在职人员的整体工资较高,说明当地研发人员具有比较理想的收入水平,进而说明海盐县、嘉善县重视研发人员的薪酬待遇,此结果可以部分解释虽然目前海盐县、嘉善县专业技术人才、高技能人才相对缺乏，但是这两个县从事研发活动人员数和每万人从业人员中研发人员数却相对较多的现象，再次印证了研发人员的收入水平是限制各个县域研发人员发展的重要因素。

(3) 嘉善县的劳动争议申诉量和劳动争议立案数较少，表明嘉善县的人才市场环境相对较好。

四、嘉兴市县域人才效能比较

(一) 经济效能

在县域人才的经济效能方面，通过对 7 个县(市、区)全社会劳动生产率、领军人才企业亩均产出、领军人才企业亩均税收及当地工业企业亩均税收等数据进行指数化处理、加权计算及聚类分析，结果发现，如图 2-44 所示，南湖区人才的经济效能指数最高，达到 0.87；秀洲区人才的经济效能指数达到 0.64，处于第二位；平湖市人才的经济效能指数为 0.62，处于第三位。

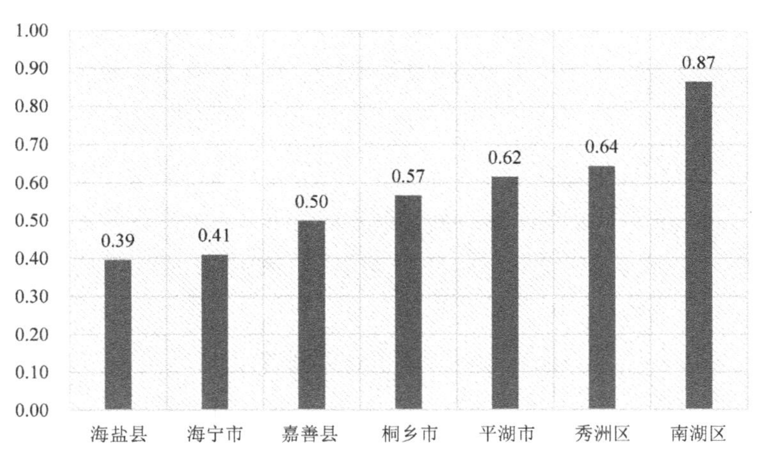

图 2-44　嘉兴市县域人才经济效能指数比较

在社会劳动生产率方面，如图 2-45 所示，海盐县的全社会劳动生产率最高，达到 12.75 万元/人；海宁市的全社会劳动生产率达到 11.06 万元/人，排在第二位；南湖区的全社会劳动生产率达到

11.02 万/人，排在第三位。在年均增长率方面，海盐县的年均增长率最高，达到 8.40%；嘉善县的年均增长率达到 8.36%，排在第二位；海宁市的年均增长率为 7.01%，排在第三位。

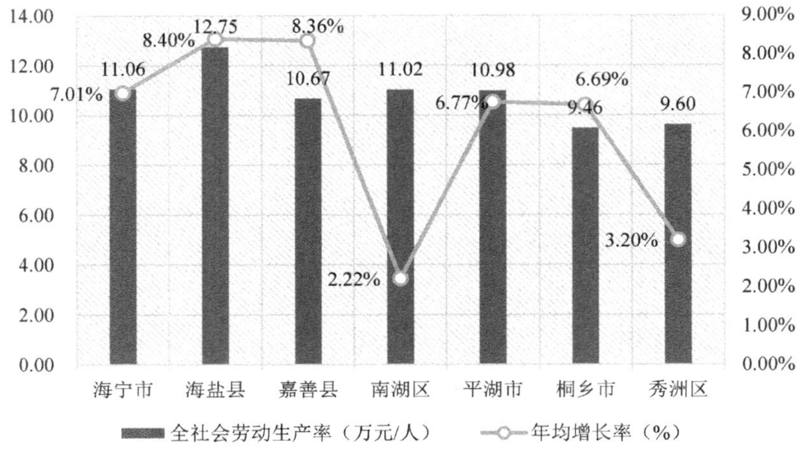

图 2-45 嘉兴市县域全社会劳动生产率要素比较

在领军人才企业亩均产出方面，如图 2-46 所示，南湖区的领军人才企业亩均产出最多，达到 914 万元/亩；平湖市和桐乡市领军人才企业亩均产出均达到 328 万元/亩，排在第二位；秀洲区领军人才企业亩均产出达到 247 万元/亩，排在第三位。在年均增长率方面，海宁市的年均增长率最高，达到 267.01%；平湖市和桐乡市的年均增长率达到 49.29%，并列第二位；嘉善县的年均增长率为 27.06%，排在第三位。

在领军人才企业亩均税收与县域规上工业亩均税收方面，如图 2-47 所示，大部分县域的领军人才企业亩均税收超过当地规上工业企业亩均税收。南湖区的领军人才企业亩均税收最多，达到 38 万元/亩，远远超出当地 18.29 万元/亩的规上工业企业亩均税收；另外，嘉善县、平湖市和桐乡市领军人才企业亩均税收也分别达到 19 万元/亩、23 万元/亩、23 万元/亩，超过当地规上工业企业亩均税收；秀洲区领军人才企业亩均税收较高，达到 21 万元/亩，但未超

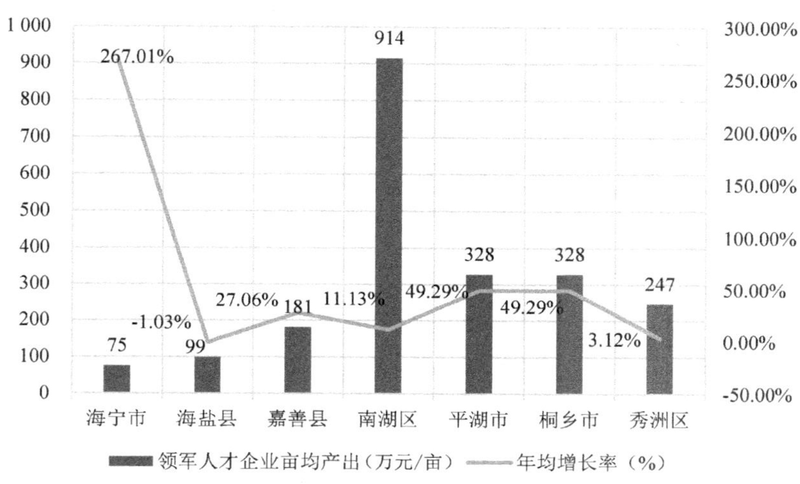

图 2-46　嘉兴市县域领军人才亩均产出要素比较

过当地规上工业企业亩均税收；另外，海盐县、海宁市的领军人才企业亩均税收也未超过当地规上工业企业亩均税收。

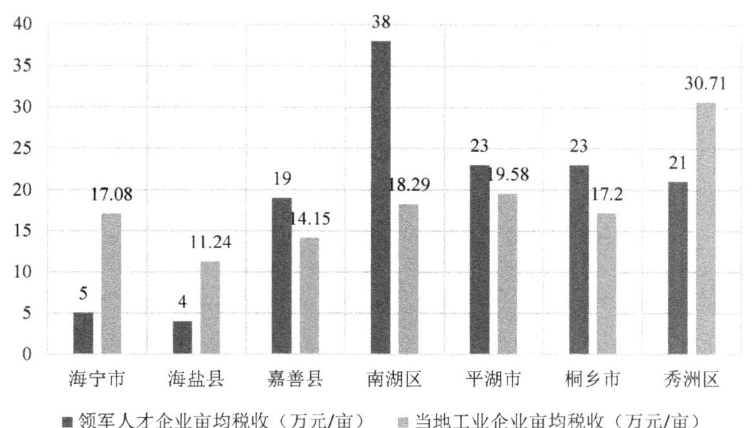

图 2-47　嘉兴市县域领军人才企业及当地工业企业亩均税收要素比较

（二）科技效能

在县域人才的科技效能方面，通过对 7 个县（市、区）高新技术产业占规模以上工业产值比重（%）、万人发明专利申请数、万人发明专利授权量、获省部级及以上科技奖项数等数据进行指数化处理、加权计算及聚类分析，结果发现，如图 2-48 所示，海宁市人才的科技效能指数最高，达到 0.91；平湖市人才的科技效能指数达到 0.80，处于第二位；南湖区人才的科技效能指数为 0.79，处于第三位。

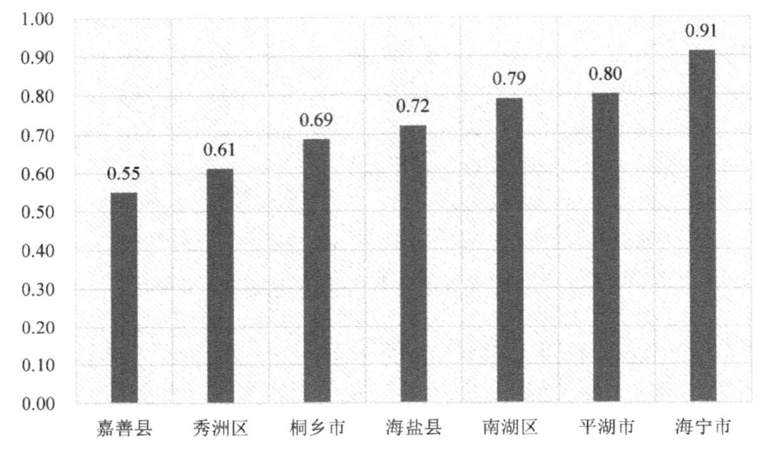

图 2-48　嘉兴市县域人才科技效能指数比较

在高新技术产业占规模以上工业产值比重方面，如图 2-49 所示，海盐县高新技术产业占规模以上工业产值比重最高，达到 49.96%；南湖区高新技术产业占规模以上工业产值比重达到 45.91%，排在第二位；平湖市高新技术产业占规模以上工业产值比重达到 45.21%，排在第三位。在年均增长率方面，秀洲区的年均增长率最高，达到 45.17%；海盐县的年均增长率达到 41.69%，排在第二位；平湖市的年均增长率为 25.71%，排在第三位。

在发明专利申请数方面，如图 2-50 所示，海宁市每万人发明专利申请数最多，达到 18.10 项；平湖市每万人发明专利申请数达到 14.80 项，排在第二位；桐乡市每万人发明专利申请数达到 11.80 项，排在第三位。在年均增长率方面，平湖市的年均增长率最高，达到 112.50%；海宁市的年均增长率达到 75.22%，排在第二位；海盐县的年均增长率为 63.45%，排在第三位。

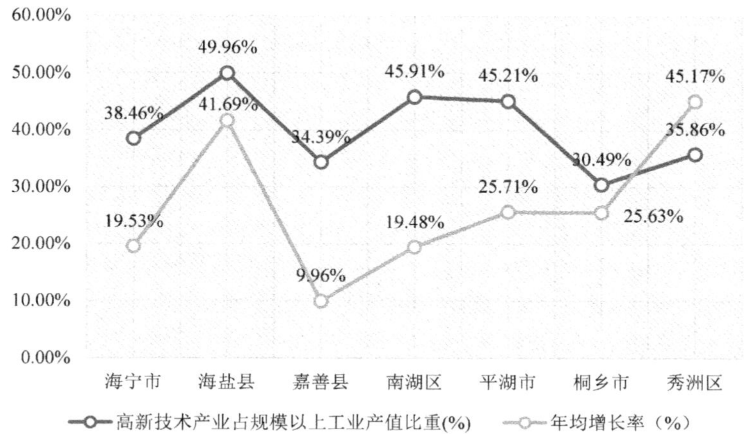

图 2-49　嘉兴市县域高新技术产业占规模以上工业产值比重要素比较

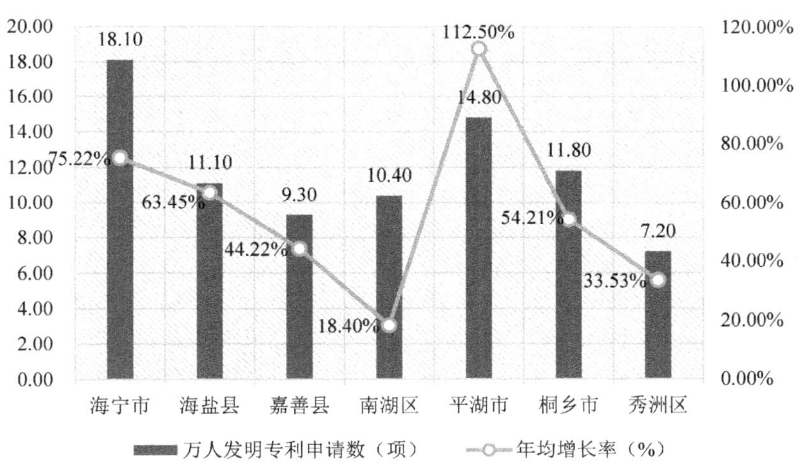

图 2-50　嘉兴市县域发明专利申请数要素比较

在发明专利授权数方面，如图 2-51 所示，南湖区每万人发明专利授权数最多，达到 3.30 项；海宁市每万人发明专利授权数达到 2.90 项，排在第二位；平湖和桐乡市每万人发明专利授权数达到 2.70 项，排在第三位。在年均增长率方面，平湖市的年均增长率最高，达到 101.85%；嘉善县的年均增长率达到 79.86%，排在第二位；海宁市的年均增长率为 53.16%，排在第三位。

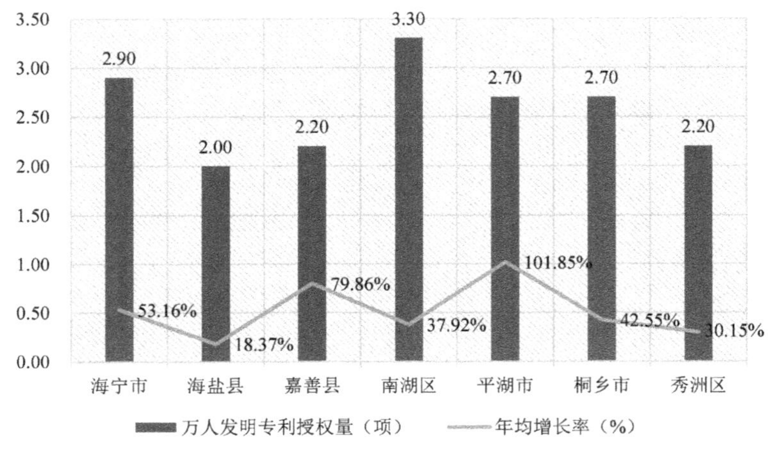

图 2-51 嘉兴市县域发明专利授权数要素比较

对各县域发明专利竞争力进行总体比较，如图 2-52 所示，南湖区的授权率最高，达到 31.73%；秀洲区的授权率达到 30.56%，排在第二位；嘉善县的授权率达到 23.66%，排在第三位。总体来看，南湖区、秀洲区、嘉善县在发明专利方面更具竞争力。

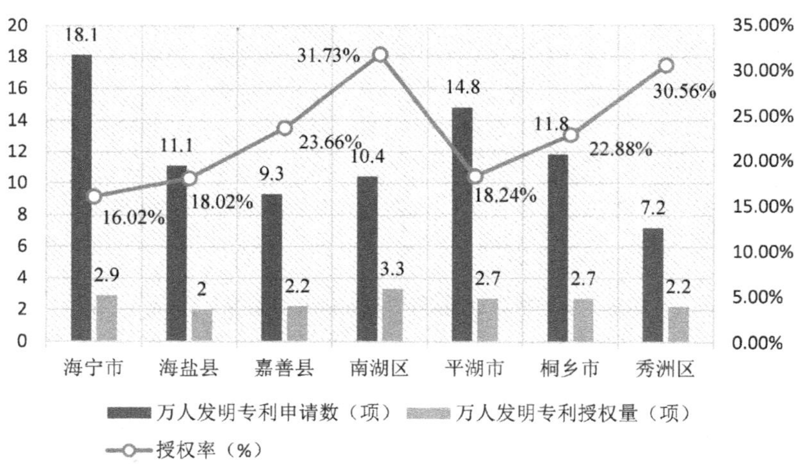

图 2-52 嘉兴市县域发明专利的整体竞争力比较

在各县域获得省部级及以上科技奖项方面，如图 2-53 所示，海宁市获得省部级及以上科技奖项最多，达到 3 项；海盐县、南湖区、平湖市、桐乡市、秀洲区均获得省部级及以上科技奖项 2 项；嘉善县获得省部级及以上科技奖项 1 项。在年均增长率方面，海盐县的年均增长率最高，达到 200%；海宁市的年均增长率达到91.67%，排在第二位；秀洲区的年均增长率为 29.17%，排在第三位。

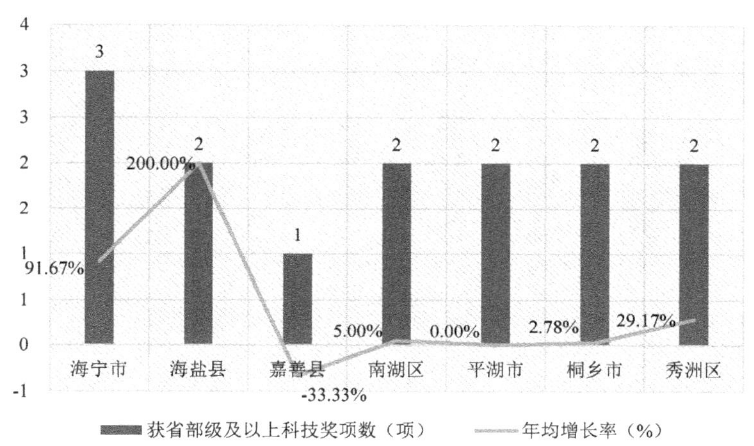

图 2-53　嘉兴市县域省部级及以上科技奖项要素比较

（三）社会效能

在县域人才的社会效能方面，通过对 7 个县(市、区)城市文明程度指数、劳动和谐指数、社会就业率(%)、社会慈善捐赠总额等数据进行指数化处理、加权计算及聚类分析，结果发现，如图 2-54 所示，桐乡市人才的社会效能指数最高，达到 0.98；海宁市人才的科技效能指数达到 0.97，处于第二位；南湖区人才的社会效能指数为 0.86，处于第三位。

在城市文明程度方面，如图 2-55 所示，海宁市的城市文明程度最高，指数 145.90；秀洲区的城市文明指数达到 143.40，排在第二位；南湖区的城市文明指数达到 143.10，排在第三位。在年均增长率方面，海盐县的年均增长率最高，达到 16.58%；海宁市和嘉善县的年均增长率达到 11.88%，排在第二位；南湖区的年均增长率为 8.99%，排在第三位。

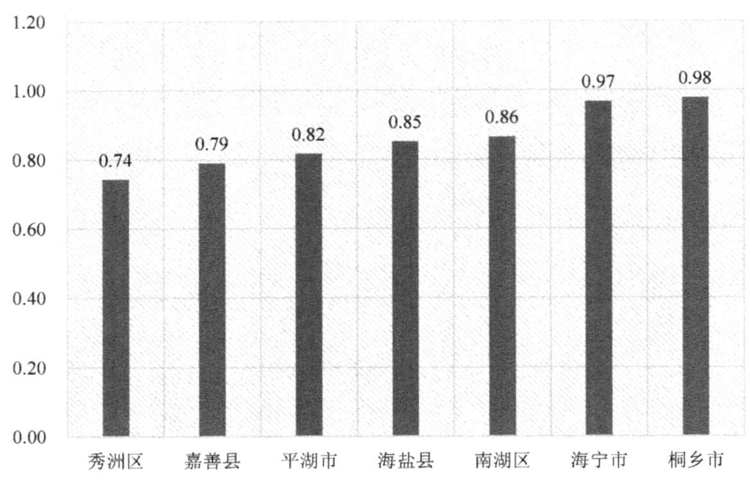

图 2-54 嘉兴市县域人才社会效能指数比较

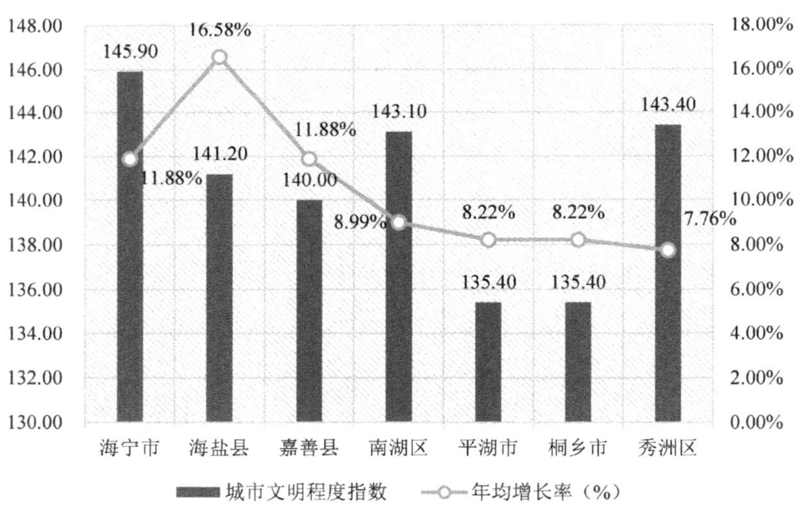

图 2-55 嘉兴市县域城市文明程度要素比较

在劳动和谐程度方面，如图 2-56 所示，桐乡市的劳动和谐程度最高，指数 92.72；平湖市的劳动和谐指数达到 91.68，排在第二位；海宁市的劳动和谐指数达到 89.74，排在第三位。在年均增长率方面，各县域普遍呈现衰减趋势。桐乡市衰减最慢，年均增长率达到－0.09％，5年来基本保持不变。平湖市的年均增长率达到－2.64％，衰减程度较慢；海盐县的年均增长率为－3.12％，衰减速度排在倒数第三位。

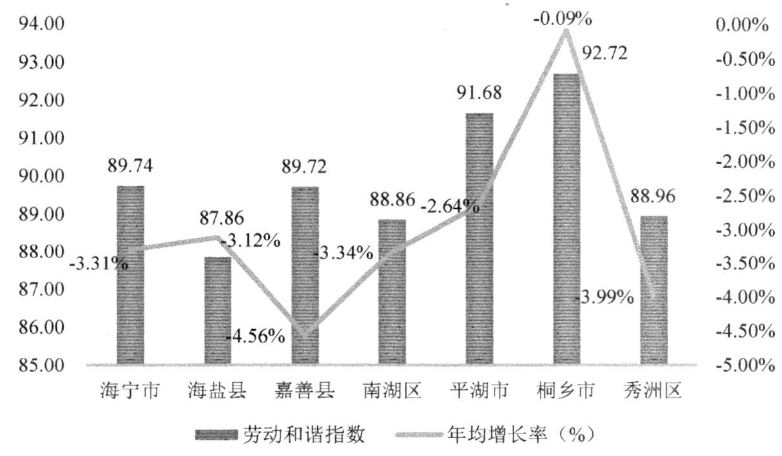

图2－56　嘉兴市县域劳动和谐要素比较

在社会就业方面，如图2－57所示，平湖市的社会就业率最高，达到93.80％；桐乡市的社会就业率达到91.80％，排在第二位；南湖区的社会就业率达到91.60％，排在第三位。在年均增长率方

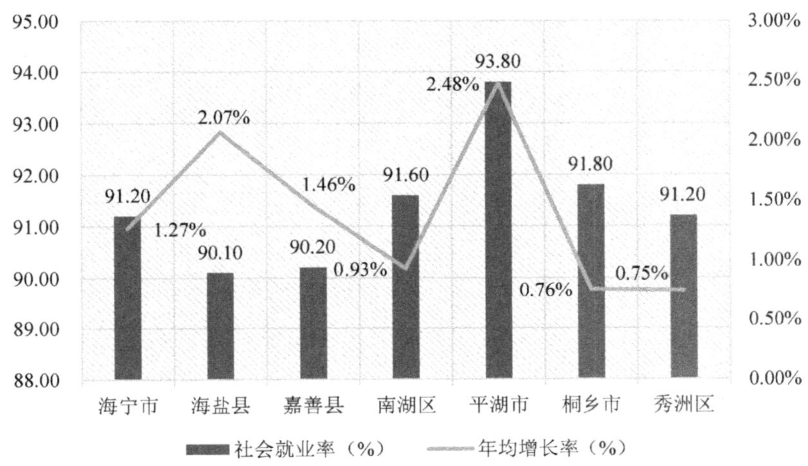

图2－57　嘉兴市县域社会就业率要素比较

面,平湖市的年均增长率最高,达到 2.48%;海盐县的年均增长率达到 2.07%,排在第二位;嘉善县的年均增长率为 1.46%,排在第三位。

在社会慈善方面,如图 2-58 所示,桐乡市的社会慈善捐赠总额最高,达到 2 895.54 元;海宁市的社会慈善捐赠总额达到 2 679.88 元,排在第二位;南湖区的社会慈善捐赠总额达到 1 571.57 元,排在第三位。在年均增长率方面,桐乡市的年均增长率最高,达到 75.24%;秀洲区的年均增长率达到 37.02%,排在第二位;海盐县的年均增长率为 19.62%,排在第三位。

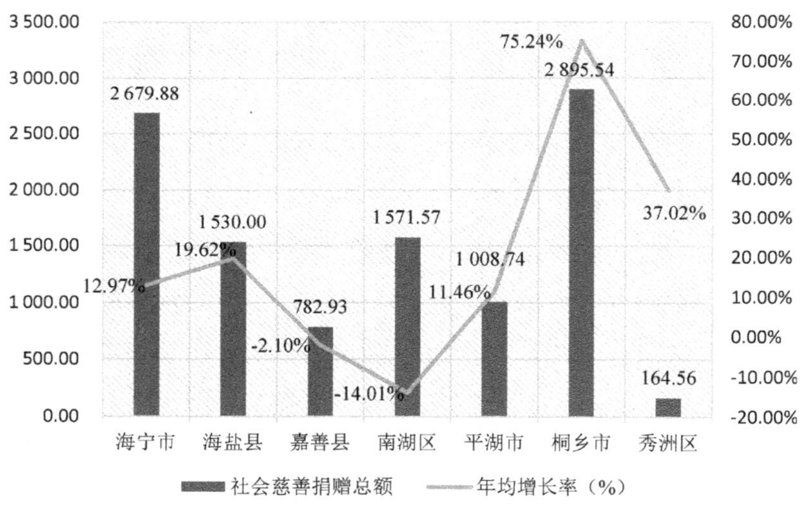

图 2-58 嘉兴市县域社会慈善要素比较

通过对嘉兴市 7 个县(市、区)在人才效能各要素之间的横向比较和其在 2011—2015 年之间人才效能方面的纵向比较,课题组发现:

(1) 人才经济效能突出的县域有南湖区、秀洲区、平湖市;人才科技效能突出的县域有海宁市、平湖市、南湖区;人才社会效能突出的县域有桐乡市、海宁市、南湖区。

(2) 基于上述分析结果,南湖区虽然在人才总体投入、人才公共服务投入、人才专项资金投入方面不突出，但是，由于南湖区集中资金投入研发导向的人才平台建设，于是，南湖区的院士工作站、企业研发中心、市级众创空间、科技孵化器等人才平台推动了本地人才经济效能、科技效能、社会效能的有效发挥；尽管秀洲区的研发投入也很高，在研发投入转化为人才的经济效能方面也比较明显，但是，秀洲区的研发投入转化为人才的科技效能和社会效能方面并没有南湖区明显，这是否与秀洲区与南湖区在研发投入结构、重点方面存在差异有关，结合秀洲区人力资源服务业较为发达的现实，考虑这是否与秀洲的研发投入主要集中在科技服务业有关。客观数据表明，对于研发导向的人才发展平台建设更有助于人才经济效能、科技效能和社会效能的发挥。

(3) 海宁市的人才投入模式为人才专项投入模式，海宁市的人才专项投入模式会推动海宁市人才科技效能和人才社会效能的发挥。但是，海宁市人才的经济效能没有得到充分发挥，针对这方面问题，课题组结合海宁市人才产出方面所出现的高端人才多但专业技术人才、高技能人才缺乏的问题，初步推断是由于海宁市主要打造高端人才发展模式而对一般性专业技术人才和高技能人才关注度不够，导致其人才的科技效能、社会效能突出，而经济效能相对偏低。另外，嘉善县重人才专项投入的人才发展模式在人才的经济效能、科技效能、社会效能发挥方面作用不明显。

第三章　嘉兴市县域人才发展及竞争力状况：主观比较

考虑到人才工作的复杂性和人才主体的能动性，为使嘉兴市县域人才发展及竞争力评价体系更加系统、全面，接下来课题组基于对特定人才队伍的调研，对嘉兴市各县域的人才发展及竞争力状况进行主观评价。

具体来说，首先，课题组采用的嘉兴市县域人才发展及竞争力的主观评价体系主要基于IPO理论模型。对IPO理论模型中人才过程的考察，具体到县域政府主要包括县域政府人才政策的设计与执行情况和人才服务的提供与监管状况。由于这部分内容涉及关于政府人才工作的评价，单纯依靠政府部门提供的客观数据很难有说服力，需要引入政府的服务对象——人才作为调研对象，使结论更加科学、合理。第二，政府部门倡导“以人为本”的服务型政府建设，人才部门的服务对象就是人才，尊重人才关于人才政策和人才服务的反馈能够使得政府部门持续落实“以人为本”的人才服务，更好地坚持公共部门所应有的顾客导向。第三，人才政策的设计与执行、人才服务的分配与供给的初衷是将县域内的人才存量转化为人才产出，在这一过程中，人才的利用和开发、人才的活力迸发是关键，而县域政府的人才政策、人才服务只有得到人才这一利益主体的认可和肯定，才能切实转化为人才发展的驱动力，产生良好的人才效果，因此，县域人才政策、人才服务最好的评价主体就是当地的人才。第四，一项规范的调查研究应力图避免同源偏差，单纯依赖县域人才发展及竞争力客观评价体系，或者单纯依赖县域人才发展及竞争力主观评价体系都不科学。本书中来自人才的主观评价基于两阶段反馈数据修订的指标体系，能够更好地配合多阶段的动态客观数据，从而打造一项多源、多阶段的研究，避免横截面研究的不足，使研究结果更加精确、科学。

一、调研对象基本信息

（一）县域调研对象分布状况

图 3－1 展示了各县域调研对象的分布状况。来自海宁市的调研对象有 227 人，占全部调研对象的 15%，主要来自皮革产业、新材料（光伏、软磁）产业；来自海盐县的调研对象有 243 人，占全部调研对象的 16%，主要来自核电关联产业；来自嘉善县的调研对象有 234 人，占全部调研对象的 15%，主要来自电子信息制造、装备制造业；来自南湖区的调研对象有 200 人，占全部调研对象的 13%，主要来自电子信息、机电装备产业；来自平湖市的调研对象有 200 人，占全部调研对象的 13%，主要来自装备制造、生物医药产业；来自桐乡市的调研对象有 212 人，占全部调研对象的 14%，主要来自毛衫

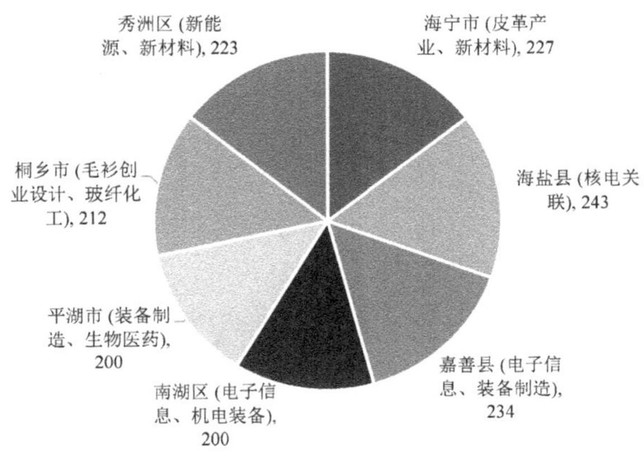

图 3－1　各县域调研对象分布

创业设计、玻纤化工产业;来自秀洲市的调研对象有 223 人,占全部调研对象的 14%,主要来自新能源、新材料产业。以上各县域的调研对象主要来自当地重点发展的产业,其数量也基本趋于均衡。

(二) 调研对象背景信息

图 3-2 展示了调研对象性别方面的基本信息。其中,女性人数为 614 人,约占为 41%;男性人数为 896 人,约占 59%。

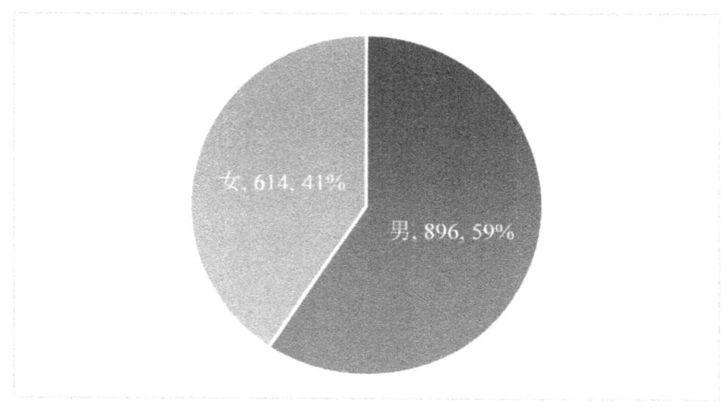

图 3-2 调研对象性别状况

图 3-3 展示了调研对象的年龄状况。我们结合国际年龄标准以及我国关于工作年龄的有关规定,将调研对象的年龄阶段划分为:18 岁到 29 岁、30 岁到 39 岁、40 岁到 49 岁、50 岁到 60 岁等 4 个阶段。其中,18 岁到 29 岁的人才有 713 人,约占46.91%;30 岁到 39 岁的人才有 613 人,约占 40.33%;40 岁到 49 岁的人才有 147 人,约占 9.67%;50 岁到 60 岁的人才有 45 人,约占 2.96%;60 岁以上的人才有 2 人,约占 0.13%。中青年人才是本次调研中最主要的受访对象。

图 3-4 展示了调研对象的受教育状况。其中,具有博士研究生学历的有 124 人,约占 7.77%;具有硕士研究生学历的有 266 人,约占 16.68%;具有本科学历的有 849 人,约占 53.23%;具有大专及以下学历的有 356 人,约占 22.32%。其中,具有国外教育背景的

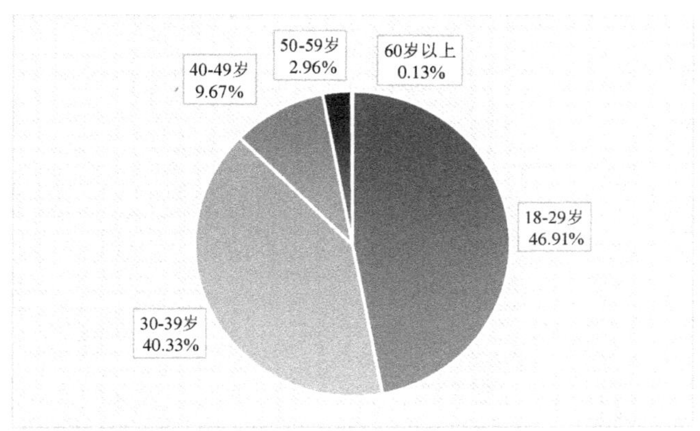

图 3-3 调研对象年龄状况

人才是 111 人，约占 6.96%。在国外取得博士学位的有 62 人，约占 3.89%；取得硕士学位的有 38 人，约占 2.38%；取得学士学位的有 10 人，约占 0.63%。

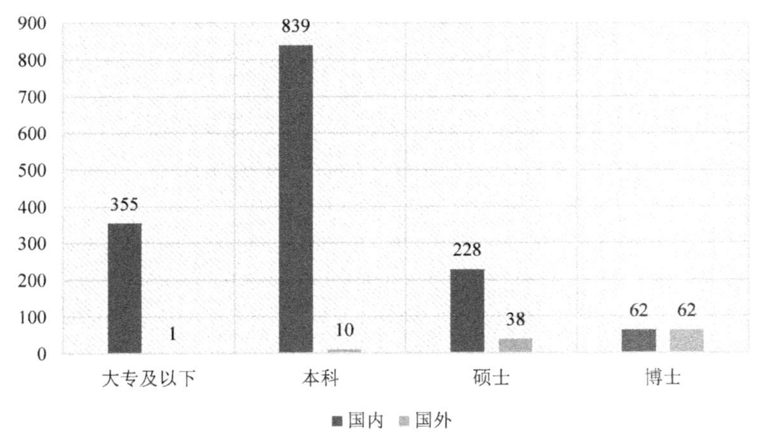

图 3-4 调研对象受教育状况

图 3-5 展示了调研对象在本地的工作年限。其中，在本地工作在 5 年以内的人才有 951 人，约占 62.93%；来本地工作已有 5 年到 10 年的人才有 365 人，约占 24.16%；来本地工作在 10 年到 19 年以内的人才有 160 人，约占 10.59%；来本地工作在 20 年到 29 年

以内的人才有 29 人,约占 1.92%;来本地工作在 30 年以上的人才有 6 人,约占 0.4%。

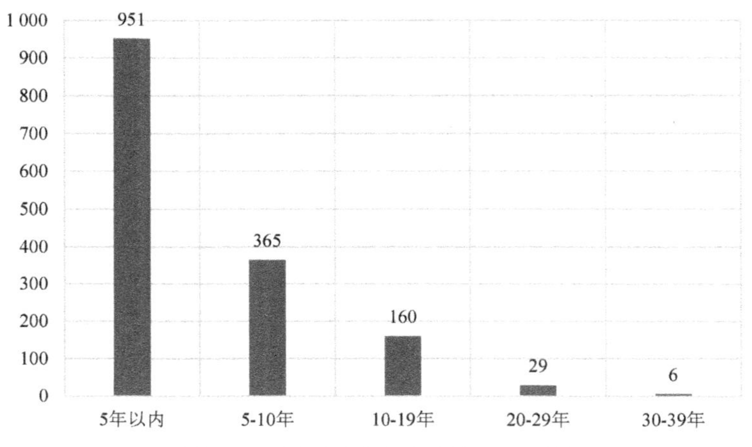

图 3-5 调研对象在本地的工作年限

图 3-6 展示了调研对象在本单位的工作年限。其中,在本单位工作在 5 年以内的人才有 981 人,约占 76.16%;在本单位工作已有 5 年到 10 年的人才有 221 人,约占 17.16%;在本单位工作在 10 年到 19 年以内的人才有 76 人,约占 5.90%;在本单位工作在 20 年到 29 年以内的人才有 6 人,约占 0.47%;在本单位工作在 30 年以上的人才有 4 人,约占 0.31%。

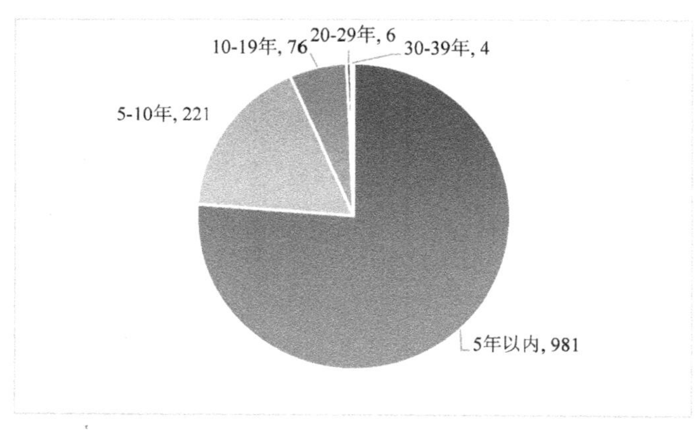

图 3-6 调研对象在本单位的工作年限

图 3－7 展示了调研对象在本岗位的工作年限。其中，在本岗位工作在 5 年以内的人才有 1 210 人，约占 80.40%；在本单位工作已有 5 年到 10 年的人才有 236 人，约占 15.68%；在本单位工作在 10 年到 19 年以内的人才有 50 人，约占 3.32%；在本单位工作在 20 年到 29 年以内的人才有 9 人，约占 0.60%。

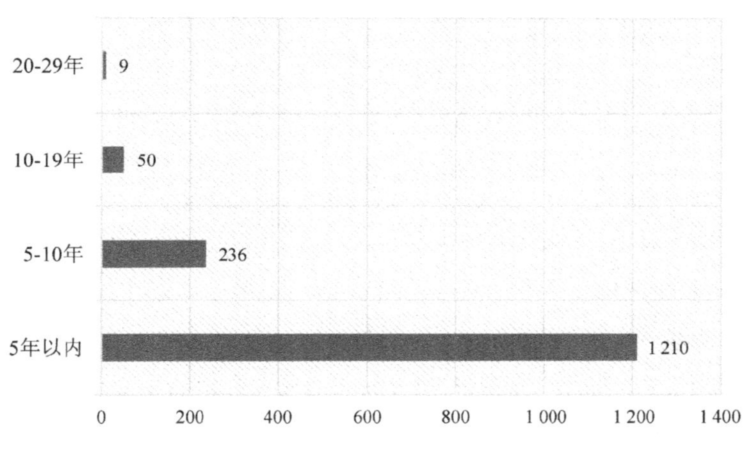

图 3－7　调研对象在本岗位的工作年限

二、人才生活环境满意度比较

（一）生活环境满意度总体比较

在各县域人才对生活环境的主观评价方面，课题组要求调研对象对本地自然环境、基础教育、交通便利性、医疗卫生水平、休闲娱乐设施、收入水平、物价水平等反映本地生活环境的 7 个方面内容的满意度进行打分，其中，5 分表示“非常满意”，4 分表示“满意”，3 分表示“不确定”，2 分表示“不满意”，1 分表示“非常不满意”。经过对调研对象评分的平均计算，结果如图 3－8 所示，平湖市的得分最高，达到 3.91 分；海盐县的得分为 3.82 分，排在第二位；嘉善县的得分为 3.75 分，排在第三位。

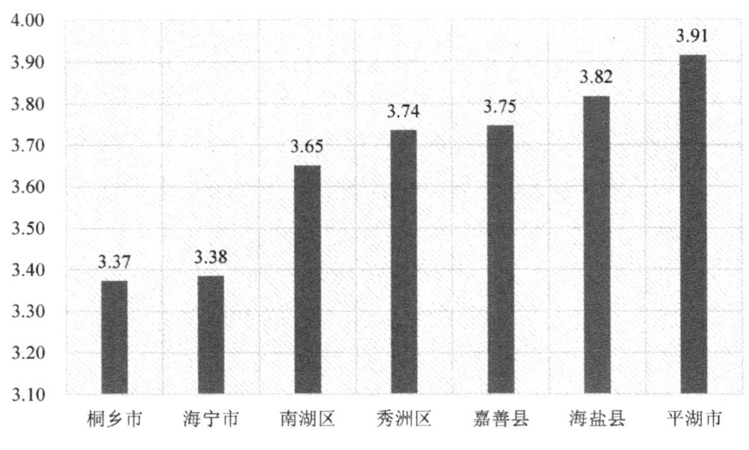

图 3-8 嘉兴市各县域生活环境满意度比较

（二）自然环境满意度比较

图 3-9 展示了各县域自然环境评价结果。课题组要求调研对象对本地饮用水、空气质量、绿化状况等方面内容的满意度进行打分，其中，5 分表示“非常满意”，4 分表示“满意”，3 分表示“不确定”，2 分表示“不满意”，1 分表示“非常不满意”。本次调研共收集到 1 527 位人才的有效反馈，经过对调研对象评分的平均计算，平湖市的得分最高，达到 4.06 分；海盐县的得分为 4.02 分，排在第二位；秀洲区的得分为 4 分，排在第三位。

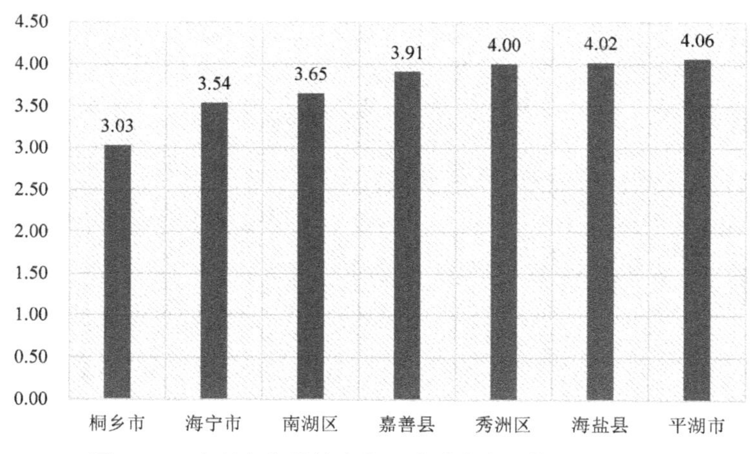

图 3-9 嘉兴市各县域自然环境满意度比较(N=1 527)

（三）基础教育满意度比较

图 3－10 展示了各县域基础教育评价结果。课题组要求调研对象对本地子女入学便利性的满意度进行打分，其中，5 分表示“非常满意”，4 分表示“满意”，3 分表示“不确定”，2 分表示“不满意”，1 分表示“非常不满意”。本次调研共收集到 1 526 位人才的有效反馈，经过对调研对象评分的平均计算，平湖市的得分最高，达到4.12分；秀洲区的得分为 4.05 分，排在第二位；嘉善县的得分为3.98分，排在第三位。

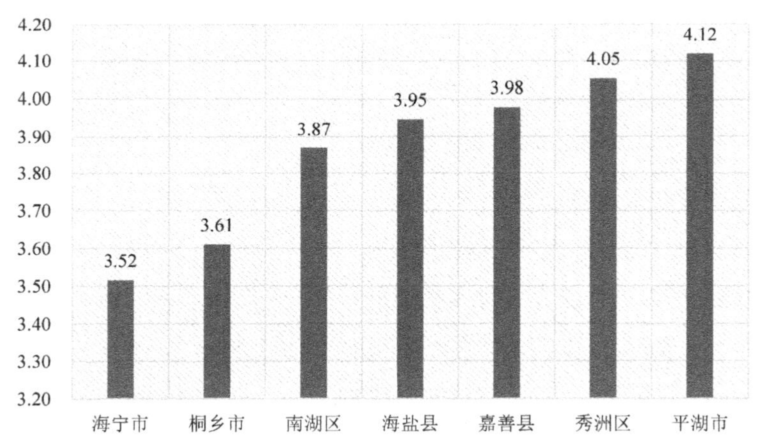

图 3－10　嘉兴市各县域基础教育满意度比较（N＝1 526）

（四）交通便利性满意度比较

图 3－11 展示了各县域交通便利性评价结果。课题组要求调研对象对本地公共交通便利性、前往其他地区便利性等方面内容的满意度进行打分，其中，5 分表示“非常满意”，4 分表示“满意”，3 分表示“不确定”，2 分表示“不满意”，1 分表示“非常不满意”。本次调研共收集到 1 526 位人才的有效反馈，经过对调研对象评分的平均计算，其中，南湖区的平均得分最高，达到 4.28 分；平湖市的平均得分为4.14分，排在第二位；秀洲区的得分为 4.10 分，排在第三位。

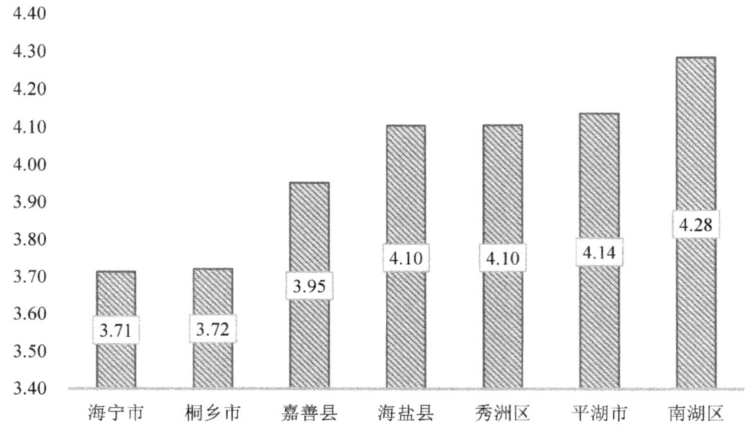

图 3-11 嘉兴市各县域交通便利性满意度比较(N=1 526)

（五）医疗卫生服务满意度比较

图 3-12 展示了各县域医疗卫生服务评价结果。课题组要求调研对象对本地医疗机构的资质水平、医生的服务质量、医疗设备的配备程度等方面内容的满意度进行打分，其中，5 分表示“非常满意”，4 分表示“满意”，3 分表示“不确定”，2 分表示“不满意”，1 分表示“非常不满意”。本次调研共收集到 1 521 位人才的有效反馈，经

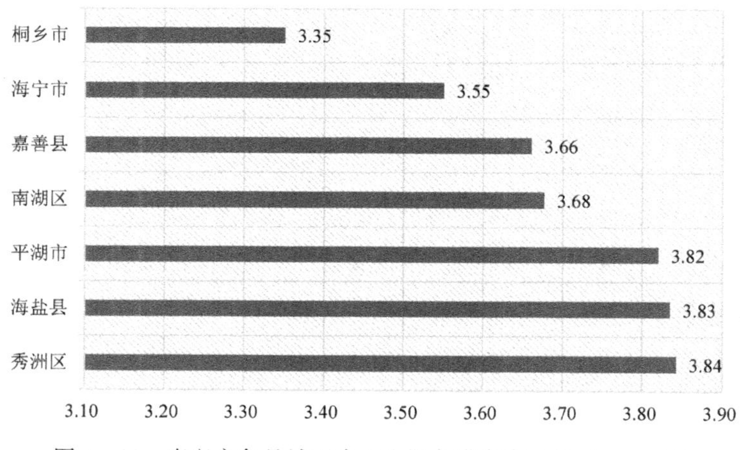

图 3-12 嘉兴市各县域医疗卫生服务满意度比较(N=1 521)

过对调研对象评分的平均计算，其中，秀洲区的平均得分最高，达到 3.84 分；海盐县的平均得分为 3.83 分，排在第二位；平湖市的得分为 3.82 分，排在第三位。

（六）休闲娱乐服务满意度比较

图 3-13 展示了各县域休闲娱乐服务评价结果。课题组要求调研对象对本地休闲娱乐设施的配备、休闲娱乐活动的开展状况等方面内容的满意度进行打分，其中，5 分表示“非常满意”，4 分表示“满意”，3 分表示“不确定”，2 分表示“不满意”，1 分表示“非常不满意”。本次调研共收集到 1 527 位人才的有效反馈，经过对调研对象评分的平均计算，其中，嘉善县的平均得分最高，达到 3.76 分；海盐县的平均得分为 3.71 分，排在第二位；平湖市的得分为 3.68 分，排在第三位。

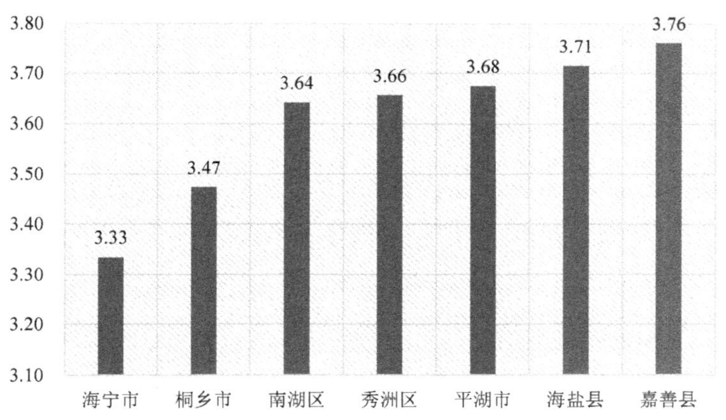

图 3-13　嘉兴市各县域休闲娱乐服务满意度比较（N=1 527）

（七）收入水平满意度比较

图 3-14 展示了各县域收入水平评价结果。课题组要求调研对象对自身收入水平的满意度进行打分，其中，5 分表示“非常满意”，4 分表示“满意”，3 分表示“不确定”，2 分表示“不满意”，1 分表示“非常不满意”。本次调研共收集到 1 522 位人才的有效反馈，经

过对调研对象评分的平均计算,其中,平湖市的平均得分最高,达到3.76分;海盐县的平均得分为3.66分,排在第二位;嘉善县的平均得分为3.50分,排在第三位。

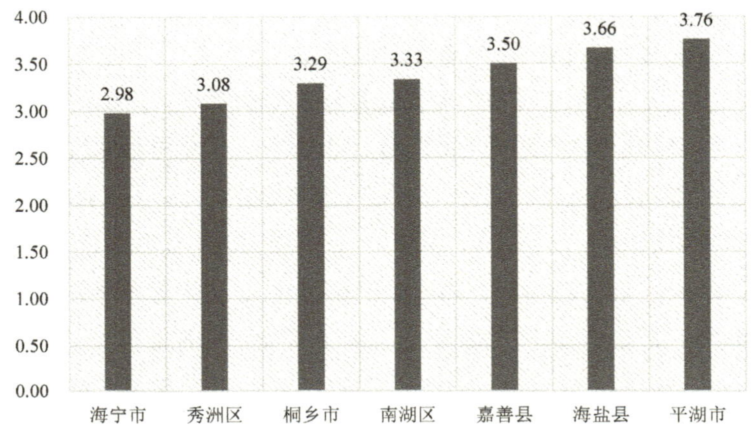

图3-14 嘉兴市各县域收入水平满意度比较(N=1 522)

(八)物价水平满意度比较

图3-15展示了各县域物价水平评价结果。课题组要求调研对象对本地生活用品、住房以及商业用房等方面价格的满意度进行打分,其中,5分表示"非常满意",4分表示"满意",3分表示"不确定",2分表示"不满意",1分表示"非常不满意"。本次调研共收集到1 524位人才的有效反馈,经过对调研对象评分的平均计算,其中,平湖市的平均得分最高,达到3.83分;嘉善县的平均得分为3.47分,排在第二位;海盐县的平均得分为3.44分,排在第三位。

在生活环境方面,基于来自各个县(市、区)的调研对象的主观评价发现:来自平湖市、海盐县的调研对象对当地生活环境的满意度较高;来自海宁市、桐乡市的调研对象对当地生活环境的满意度较低。在主客观数据比较方面,关于海盐县、桐乡市生活环境的评

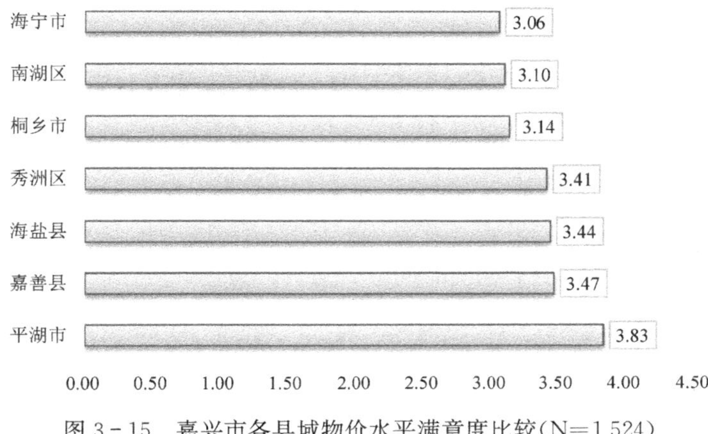

图 3－15 嘉兴市各县域物价水平满意度比较(N＝1 524)

价在主客观方面基本一致，但是关于海宁市、平湖市生活环境的评价不太一致，尤其是在海宁市的休闲娱乐服务、物价水平、收入水平等方面，来自政府部门连续 5 年的统计数据并不能代表调研对象的真实感受，因此，相关县域部门在后续的相关人才工作中要多注意听取人才的意见，从而使得人才工作能达到预期的目的。

在生活环境的重点问题关注方面，来自 7 个县(市、区)的调研对象对本地的医疗卫生服务、休闲娱乐服务、收入水平、物价水平的满意度比其他方面的满意度普遍偏低，因此，人才生活环境中的医疗卫生服务、休闲娱乐服务、收入水平、物价水平等方面问题应该得到相关部门的重视。

三、人才市场环境满意度比较

(一) 人才市场环境总体满意度比较

在各县域人才对人才市场环境的主观评价方面，课题组要求调研对象对本地人才中介机构服务、本地职业资格认定、人才市场发展水平、人才市场的法治环境、人才市场的监管状况、人才在不同地区/行业之间流动的便利性等反映本地人才市场环境的 6 个方面内容的满意度进行打分，其中，5 分表示“非常满意”，4 分表示“满意”，

3 分表示“不确定”,2 分表示“不满意”,1 分表示“非常不满意”。经过对调研对象评分的平均计算,结果如图 3－16 所示,海盐县的得分最高,达到 3.93 分;平湖市的得分为 3.87 分,排在第二位;嘉善县的得分为 3.73 分,排在第三位。

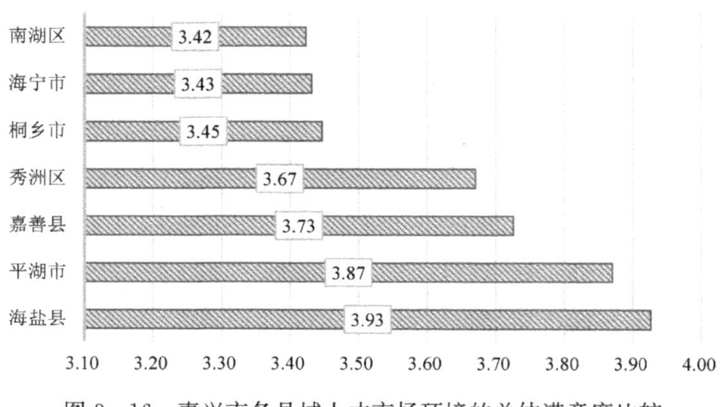

图 3－16　嘉兴市各县域人才市场环境的总体满意度比较

（二）人才中介机构服务满意度比较

图 3－17 展示了各县域人才中介机构服务评价结果。课题组要求调研对象对本地中介机构的数量、规模、服务质量、收费标准等方面内容的满意度进行打分,其中,5 分表示“非常满意”,4 分表示

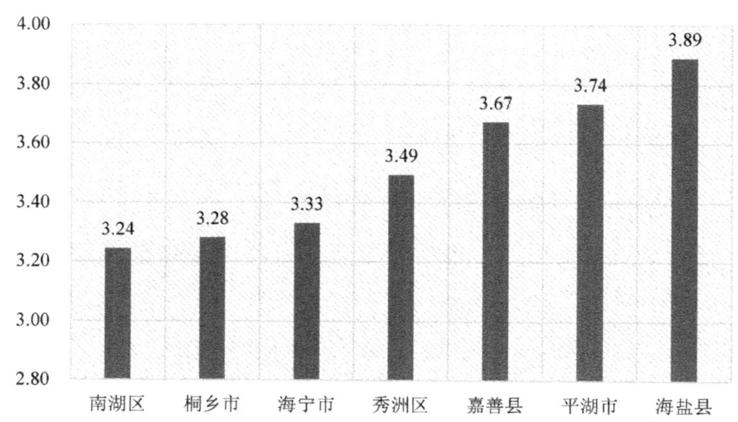

图 3－17　嘉兴市各县域人才中介机构服务满意度比较(N＝1 523)

“满意”，3 分表示“不确定”，2 分表示“不满意”，1 分表示“非常不满意”。本次调研共收集到 1 523 位人才的有效反馈，经过对调研对象评分的平均计算，其中，海盐县的平均得分最高，达到 3. 89 分；平湖市的平均得分为 3. 74 分，排在第二位；嘉善县的平均得分为3. 67 分，排在第三位。相比之下，调研对象对海盐县、平湖市、嘉善县的人才中介机构更加认可。

（三）职业资格认定服务满意度比较

图 3－18 展示了各县域人才的职业资格认定服务评价结果。课题组要求调研对象对本地职业资格认定的种类及职业资格认证过程中的技术指导、事务性工作等方面内容的满意度进行打分，其中，5 分表示“非常满意”，4 分表示“满意”，3 分表示“不确定”，2 分表示“不满意”，1 分表示“非常不满意”。本次调研共收集到1 523位人才的有效反馈，经过对调研对象评分的平均计算，其中，海盐县的平均得分最高，达到 3. 93 分；平湖市的平均得分为 3. 80 分，排在第二位；嘉善县的平均得分为 3. 71 分，排在第三位。相比之下，调研对象认为海盐县、平湖市、嘉善县的人才职业资格认证服务更加到位。

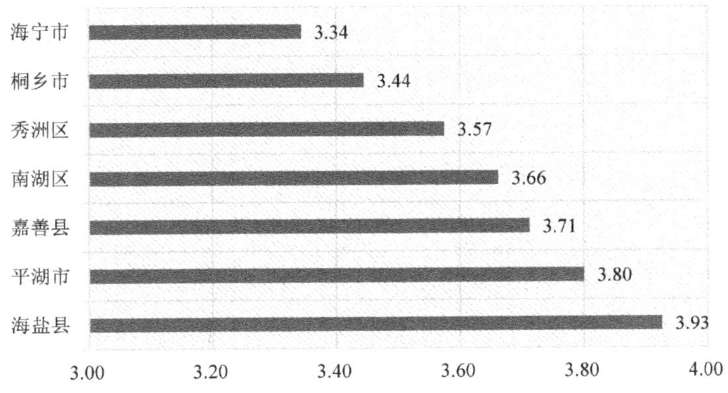

图 3－18　嘉兴市人才职业资格认定服务满意度比较（N＝1 523）

（四）人才市场发展水平满意度比较

图 3－19 展示了各县域人才市场发展水平评价结果。课题组要求调研对象对本地人才市场的开放包容程度、人才市场中人才的可获得性等方面内容的满意度进行打分，其中，5 分表示“非常满意”，4 分表示“满意”，3 分表示“不确定”，2 分表示“不满意”，1 分表示“非常不满意”。本次调研共收集到 1 525 位人才的有效反馈，经过对调研对象评分的平均计算，其中，海盐县的平均得分最高，达到 3.85 分；平湖市的平均得分为 3.84 分，排在第二位；嘉善县的平均得分为 3.63 分，排在第三位。相比之下，调研对象认为海盐县、平湖市、嘉善县的人才市场发展更为成熟。

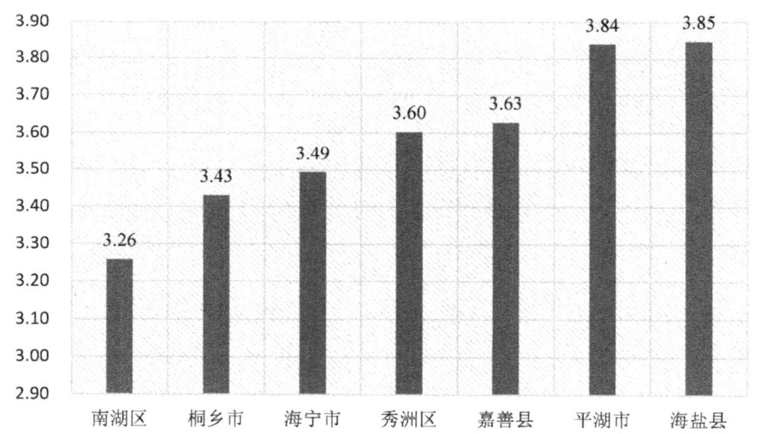

图 3－19　嘉兴市各县域人才市场发展水平满意度比较(N=1 525)

（五）人才市场法治环境满意度比较

图 3－20 展示了各县域人才市场法治环境评价结果。课题组要求调研对象对本地人才市场的法律法规建设健全状况、人才市场的公正执法状况等方面内容的满意度进行打分，其中，5 分表示“非常满意”，4 分表示“满意”，3 分表示“不确定”，2 分表示“不满意”，1 分表示“非常不满意”。本次调研共收集到 1 525 位人才的有效反

馈，经过对调研对象评分的平均计算，其中，海盐县的平均得分最高，达到 4.10 分；平湖市的平均得分为 4.05 分，排在第二位；嘉善县的平均得分为 3.90 分，排在第三位。相比之下，调研对象认为海盐县、平湖市、嘉善县的人才市场法治环境更加良好，专利发明等可以得到更加安全的保护。

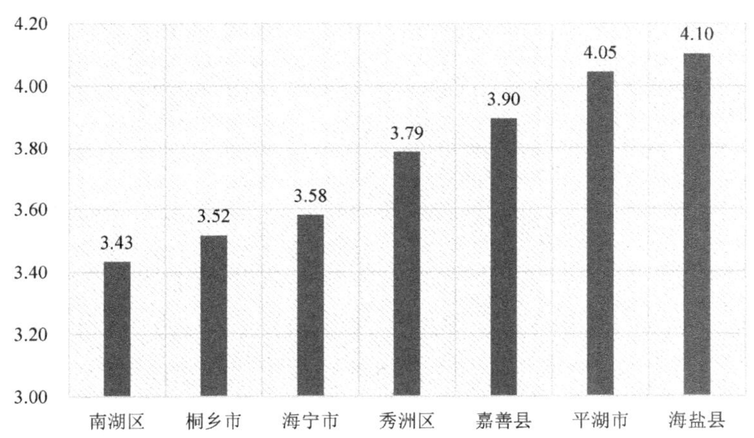

图 3-20　嘉兴市各县域人才市场法治环境满意度比较（N=1 525）

（六）人才市场监管状况满意度比较

图 3-21 展示了各县域人才市场法治环境评价结果。课题组要求调研对象对本地人才市场的知识产权保护状况、人才市场的公平竞争状况、人才市场中人才权益保护状况等方面内容的满意度进行打分，其中，5 分表示“非常满意”，4 分表示“满意”，3 分表示“不确定”，2 分表示“不满意”，1 分表示“非常不满意”。本次调研共收集到 1 517 位人才的有效反馈，经过对调研对象评分的平均计算，其中，平湖市的平均得分最高，达到 3.95 分；海盐县的平均得分为 3.89 分，排在第二位；嘉善县的平均得分为 3.80 分，排在第三位。相比之下，调研对象认为平湖市、海盐县、嘉善县的人才市场监管状况更加良好。

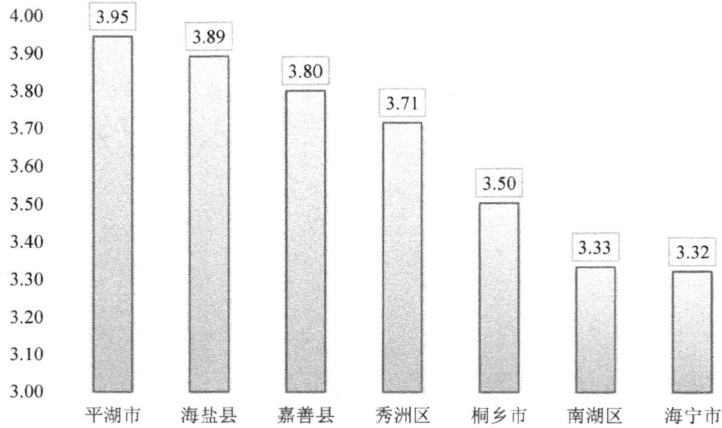

图 3-21 嘉兴市各县域人才市场监管状况满意度比较(N=1 517)

（七）人才流动便利性满意度比较

图 3-22 展示了各县域人才流动便利性评价结果。课题组要求调研对象对在不同行业流动的便利性、不同单位之间流动的便利性、"五险一金"转移接续的便利性等方面内容的满意度进行打分，其中，5 分表示"非常满意"，4 分表示"满意"，3 分表示"不确定"，2 分表示"不满意"，1 分表示"非常不满意"。本次

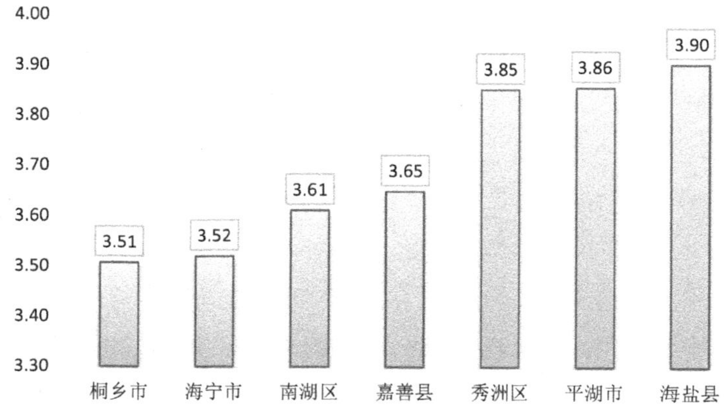

图 3-22 嘉兴市各县域人才流动便利性满意度比较(N=1 525)

调研共收集到1 525位人才的有效反馈，经过对调研对象评分的平均计算，其中，海盐县的平均得分最高，达到3.90分；平湖市的平均得分为3.86分，排在第二位；秀洲区的平均得分为3.85分，排在第三位。

在人才市场环境方面，基于来自各个县(市、区)的调研对象的主观评价发现：来自平湖市、海盐县的调研对象对当地人才市场环境的满意度较高；来自南湖区、海宁市、桐乡市的调研对象对当地环境的满意度较低。在主客观数据比较方面，关于海盐县、桐乡市生活环境的评价在主客观方面基本一致，但是关于海宁市、南湖区、平湖市的人才市场环境的评价不太一致，尤其是关于海宁市、平湖市的人才市场环境，来自政府部门连续5年的统计数据并不能代表调研对象的真实感受，主要体现在人才职业资格认定、人才市场监管状况、人才流动的便利性、人才中介结构的服务等方面，因此，相关县域部门在后续的相关人才工作中要多注意听取人才的意见，从而使得人才工作能达到预期的目的。

在人才市场环境的重点问题关注方面，来自7个县(市、区)的调研对象对本地的人才中介机构的服务、人才市场发展水平、人才流动的便利性比其他方面的满意度普遍偏低，因此，人才市场环境中的人才中介机构的服务、人才市场发展水平、人才流动的便利性等方面问题应该得到相关部门的重视。

四、投融资环境满意度比较

(一) 投融资环境总体满意度比较

在各县域人才对投融资环境的主观评价方面，课题组要求调研对象对本地投资的配套政策及服务、本地融资的渠道及种类、风投(VC)的可获得性、商业性金融机构的服务状况等反映本地投融资环境的4个方面内容的满意度进行打分，其中，5分表示“非常满意”，4分表示“满意”，3分表示“不确定”，2分表示

“不满意”,1 分表示“非常不满意”。经过对调研对象评分的平均计算,结果如图3-23所示,平湖市的得分最高,达到 3.75 分;海盐县的得分为 3.73 分,排在第二位;嘉善县的得分为 3.69 分,排在第三位。调研对象更加认可平湖市、海盐县、嘉善县的投融资环境。

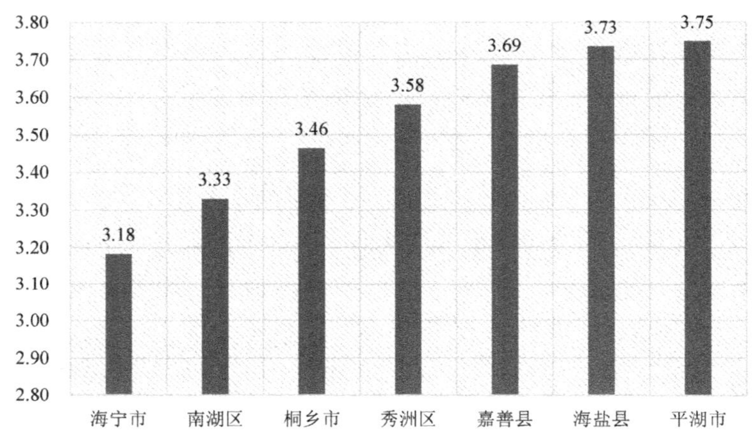

图 3-23 嘉兴市各县域投融资环境的总体满意度比较

(二)投融资政策及服务满意度比较

图 3-24 展示了各县域投融资政策及服务评价结果。课题组要求调研对象对本地贷款担保政策、风险分担政策、鼓励投融资的税收政策、政策性融资便利性、银行短期借贷的便利性等方面内容的满意度进行打分,其中,5 分表示“非常满意”,4 分表示“满意”,3 分表示“不确定”,2 分表示“不满意”,1 分表示“非常不满意”。本次调研共收集到 1 523 位人才的有效反馈,经过对调研对象评分的平均计算,其中,平湖市和海盐县的平均得分最高,达到 3.91 分;秀洲区的平均得分为 3.81 分,排在第二位;嘉善县的平均得分为 3.77 分,排在第三位。相比之下,调研对象更加认可平湖市、海盐县、秀洲区、嘉善县的投融资政策和服务。

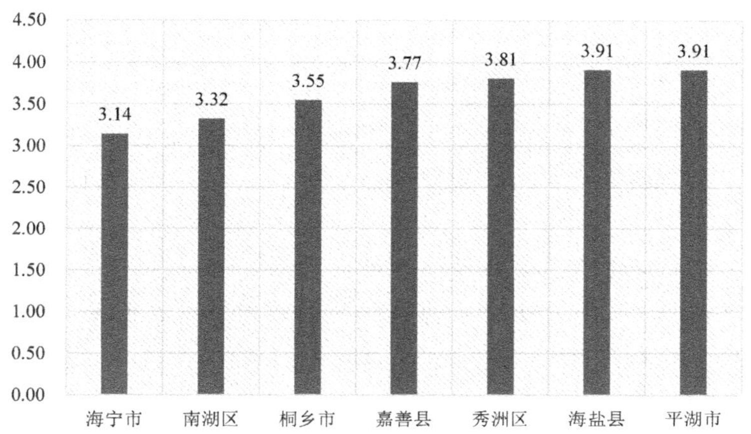

图 3-24　嘉兴市各县域投融资的配套政策及服务满意度比较(N=1 523)

(三) 融资渠道及种类满意度比较

图 3-25 展示了各县域融资渠道及种类评价结果。课题组要求调研对象对本地商业银行的短期借贷、长期信用借贷融资等不同类别融资渠道的服务的满意度进行打分，其中，5 分表示“非常满意”，4 分表示“满意”，3 分表示“不确定”，2 分表示“不满意”，1 分表示“非常不满意”。本次调研共收集到 1 524 位人才的有效反馈，经

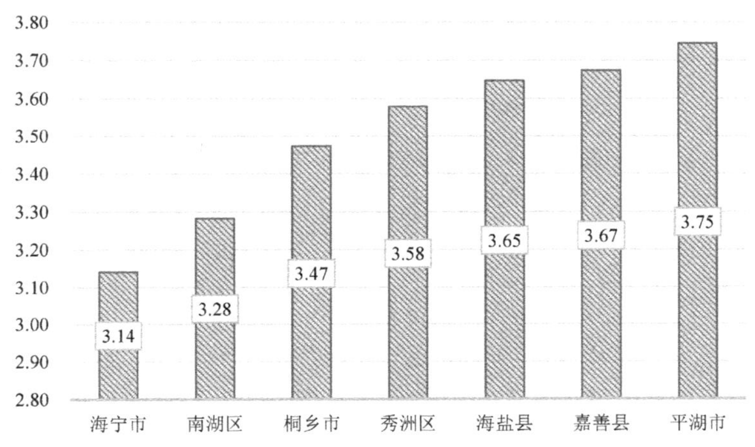

图 3-25　嘉兴市各县域融资的渠道及种类满意度比较(N=1 524)

过对调研对象评分的平均计算,其中,平湖市的平均得分最高,达到3.75分;嘉善县的平均得分为3.67分,排在第二位;海盐县的平均得分为3.65分,排在第三位。相比之下,调研对象认为平湖市、嘉善县、海盐县的融资渠道更加广泛。

(四) 风投(VC)可获得性比较

图3-26展示了各县域风投(VC)可获得性评价结果。课题组要求调研对象对风投资金进入本地的便利性、获得风投资金的渠道、人才与风投者交流平台的建设情况等方面内容的满意度进行打分,其中,5分表示"非常满意",4分表示"满意",3分表示"不确定",2分表示"不满意",1分表示"非常不满意"。本次调研共收集到1 523位人才的有效反馈,经过对调研对象评分的平均计算,其中,海盐县的平均得分最高,达到3.69分;平湖市的平均得分为3.61分,排在第二位;嘉善县的平均得分为3.57分,排在第三位。

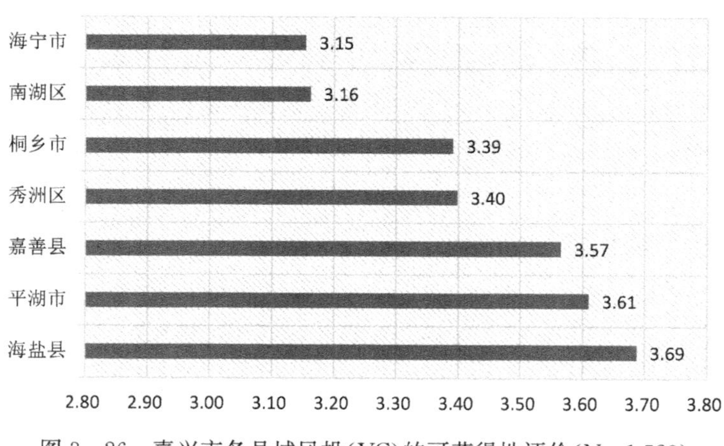

图3-26　嘉兴市各县域风投(VC)的可获得性评价(N=1 523)

(五) 商业性金融服务满意度比较

图3-27展示了各县域商业性金融服务评价结果。课题组要求调研对象对商业性金融机构的开放程度、网点分布状况、信贷

额度、利率水平、审批/抵押条件、批准率等方面内容的满意度进行打分，其中，5 分表示“非常满意”，4 分表示“满意”，3 分表示“不确定”，2 分表示“不满意”，1 分表示“非常不满意”。本次调研共收集到 1 521 位人才的有效反馈，经过对调研对象评分的平均计算，其中，嘉善县的平均得分最高，达到 3.74 分；平湖市的平均得分为 3.73 分，排在第二位；海盐县的平均得分为 3.69 分，排在第三位。

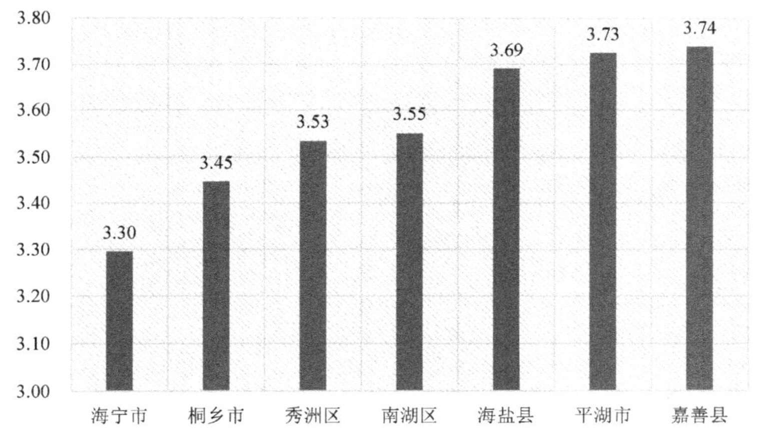

图 3-27　嘉兴市各县域商业性金融机构的服务评价(N=1 521)

在人才的投融资环境方面，基于来自各个县(市、区)的调研对象的主观评价发现：来自平湖市、海盐县的调研对象对当地投融资环境的满意度较高；来自南湖区、海宁市的调研对象对当地投融资环境的满意度较低。在人才市场环境的重点问题关注方面，来自 7 个县(市、区)的调研对象对本地投融资的配套政策及服务、融资的渠道及种类、风投(VC)的可获得性、商业性金融机构的服务等方面的满意度普遍偏低，因此，人才投融资环境中的本地投融资的配套政策及服务、融资的渠道及种类、风投(VC)的可获得性、商业性金融机构的服务等方面问题应该得到相关部门的重视。

五、社会文化环境满意度比较

(一) 社会文化环境总体满意度比较

在各县域人才对社会文化环境的主观评价方面,课题组要求调研对象对本地的创新创业氛围、对知识和人才重视程度、开放/包容的心态、竞争意识等反映本地社会文化环境的4个方面的满意度进行打分,其中,5分表示"非常满意",4分表示"满意",3分表示"不确定",2分表示"不满意",1分表示"非常不满意"。经过对调研对象评分的平均计算,结果如图3-28所示,平湖市的得分最高,达到4.07分;海盐县的得分为3.92分,排在第二位;嘉善县的得分为3.88分,排在第三位。调研对象认为平湖市、海盐县、嘉善县的社会文化环境更适合创新、创业。

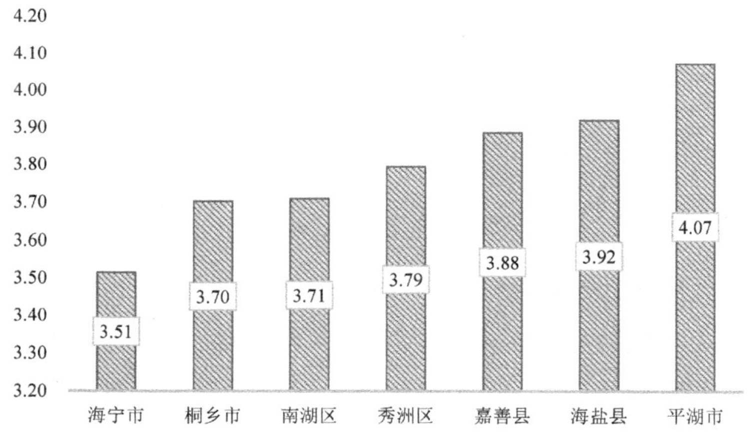

图3-28 嘉兴市各县域社会文化环境总体满意度比较

(二) 创新创业氛围满意度比较

图3-29展示了各县域创新创业氛围评价结果。课题组要求调研对象对本地创新氛围、对创业者的态度、重商精神等方面内容的满意度进行打分,其中,5分表示"非常满意",4分表示"满意",3分表示"不确定",2分表示"不满意",1分表示"非常不满意"。本次

调研共收集到 1 520 位人才的有效反馈，经过对调研对象评分的平均计算，其中，平湖市的平均得分最高，达到 4.02 分；南湖区的平均得分为 3.98 分，排在第二位；嘉善县的平均得分为 3.85 分，排在第三位。平湖市、南湖区、嘉善县的创新创业氛围更为浓厚。

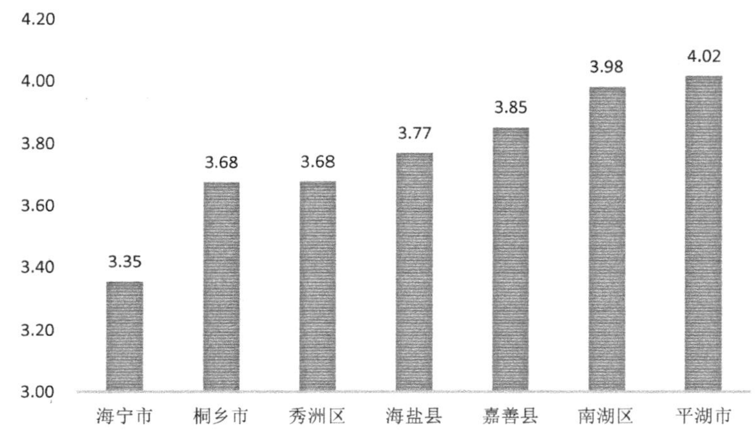

图 3－29　嘉兴市各县域创新创业氛围满意度比较(N＝1 520)

（三）重视知识和人才满意度比较

图 3－30 展示了各县域重视知识和重视人才方面评价结果。课题组要求调研对象对研发人员的收入水平和工作环境、对技术人

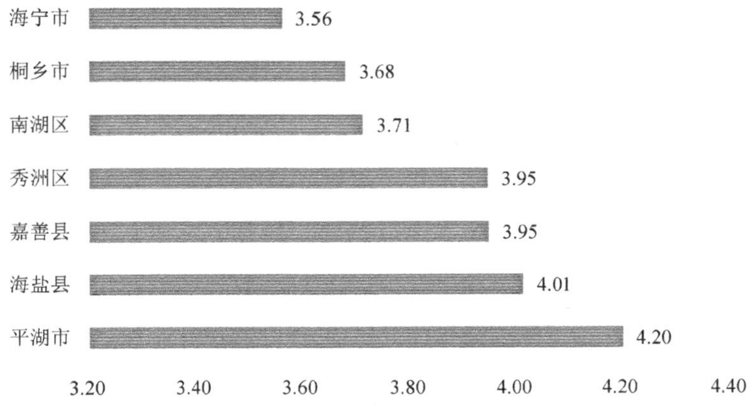

图 3－30　嘉兴市各县域对知识和人才重视程度满意度比较(N＝1 520)

才的重视程度和扶持力度等方面内容的满意度进行打分，其中，5分表示“非常满意”，4 分表示“满意”，3 分表示“不确定”，2 分表示“不满意”，1 分表示“非常不满意”。本次调研共收集到 1 520 位人才的有效反馈，经过对调研对象评分的平均计算，其中，平湖市的平均得分最高，达到 4.20 分；海盐县的平均得分为 4.01 分，排在第二位；嘉善县和秀洲区的平均得分为 3.95 分，并列第三位。

（四）本地开放包容心态满意度比较

图 3－31 展示了各县域开放、包容心态评价结果。课题组要求调研对象对本地居民对外来人才的接纳程度、本地单位在用工方面的排外程度、外地人在本地创业过程中的归属感等方面内容的满意度进行打分，其中，5 分表示“非常满意”，4 分表示“满意”，3 分表示“不确定”，2 分表示“不满意”，1 分表示“非常不满意”。本次调研共收集到 1 513 位人才的有效反馈，经过对调研对象评分的平均计算，其中，平湖市的平均得分最高，达到 4.14 分；海盐县的平均得分为 4.04 分，排在第二位；秀洲区的平均得分为 3.93 分，排在第三位。来自平湖市、海盐县、秀洲区的调研对象认为他们能够更容易地融入本地生

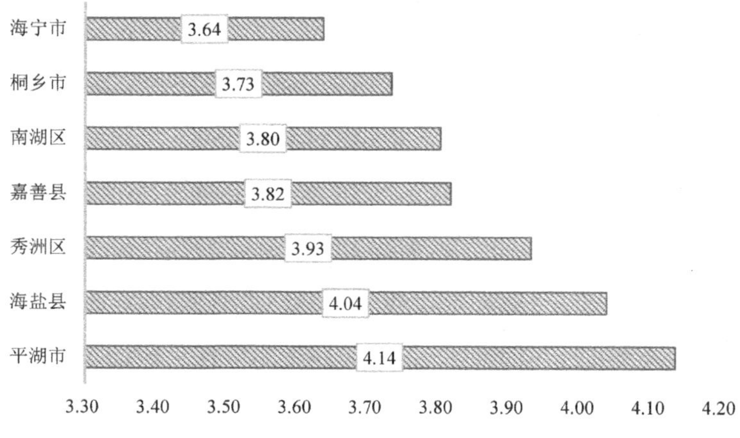

图 3－31 嘉兴市各县域开放、包容心态满意度比较(N＝1 513)

活，在本地创新创业过程中也较少遇到地方保护主义的壁垒。

（五）本地竞争意识满意度比较

图 3－32 展示了各县域竞争意识评价结果。课题组要求调研对象对本地企业家及公众的冒险精神、进取精神、竞争意识等方面内容的满意度进行打分，其中，5 分表示“非常满意”，4 分表示“满意”，3 分表示“不确定”，2 分表示“不满意”，1 分表示“非常不满意”。本次调研共收集到 1 519 位人才的有效反馈，经过对调研对象评分的平均计算，其中，平湖市的平均得分最高，达到 3.93 分；嘉善县的平均得分为 3.92 分，排在第二位；海盐县的平均得分为3.85 分，排在第三位。

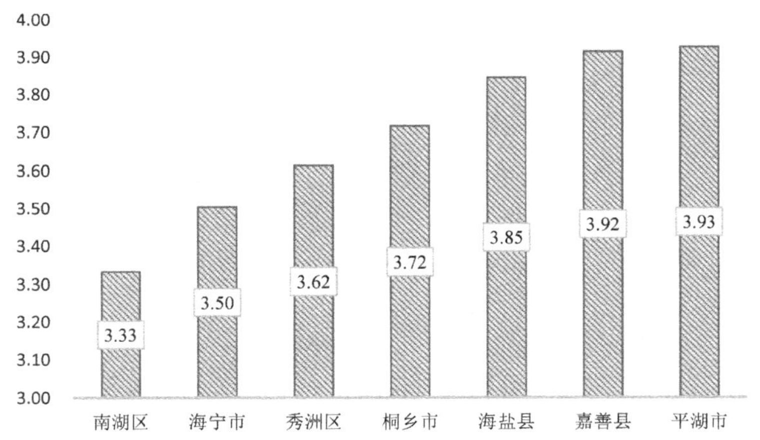

图 3－32　嘉兴市各县域竞争意识满意度比较（N＝1 519）

在社会文化环境方面，基于来自 7 个县（市、区）的调研对象的主观评价发现：来自平湖市、海盐县的调研对象对当地社会文化环境的满意度较高；来自桐乡市、海宁市的调研对象对当地社会文化环境的满意度较低。在人才社会文化环境的重点问题关注方面，来自 7 个县（市、区）的调研对象对创新创业氛围、竞争意识两个方面的满意度普遍偏低，因此，人才社会文化环境中的创新创业氛围、竞争意识问题应该得到相关部门的重视。加大相关创新创业人才的表彰力度、增加人才工程项目评审的差额比例等措施可以在未来的人才工作中予以考虑。

六、政策环境满意度比较

(一) 政策环境总体满意度比较

在各县域人才对当地人才政策及服务环境的主观评价方面,课题组要求调研对象对当地人才投入度、技术研发投入、专项人才政策、重点人才工程、人才技术研发平台建设(院士工作站、工程技术中心等)、人才交流和服务平台、人才工程的公开评审状况、人才工程推进及管理状况等反映当地政策环境及服务的 8 个方面内容的满意度进行打分,其中,5 分表示"非常满意",4 分表示"满意",3 分表示"不确定",2 分表示"不满意",1 分表示"非常不满意"。经过对调研对象评分的平均计算,结果如图 3－33 所示,平湖市的得分最高,达到 3.99 分;海盐县的得分为 3.90 分,排在第二位;嘉善县的得分为 3.79 分,排在第三位。来自平湖市、海盐县、嘉善县的调研对象认为本地的政策环境更加优越,政策服务更加贴心、到位。

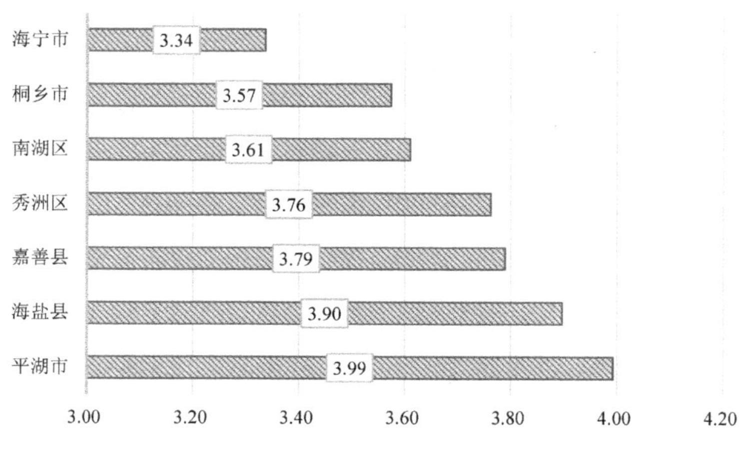

图 3－33 嘉兴市各县域政策环境及服务总体满意度比较

（二）人才投入满意度比较

图 3－34 展示了各县域人才投入评价结果。课题组要求调研对象对人才投入机制、人才投入的力度、人才投入的结构、人才投入的效果等方面内容的满意度进行打分，其中，5 分表示“非常满意”，4 分表示“满意”，3 分表示“不确定”，2 分表示“不满意”，1 分表示“非常不满意”。本次调研共收集到 1 521 位人才的有效反馈，经过对调研对象评分的平均计算，其中，秀洲区的平均得分最高，达到 3.95 分；平湖市的平均得分为 3.94 分，排在第二位；海盐县的平均得分为 3.86 分，排在第三位。来自秀洲区、平湖市、海盐县的调研对象认为当地的人才投入更加合理、有效。

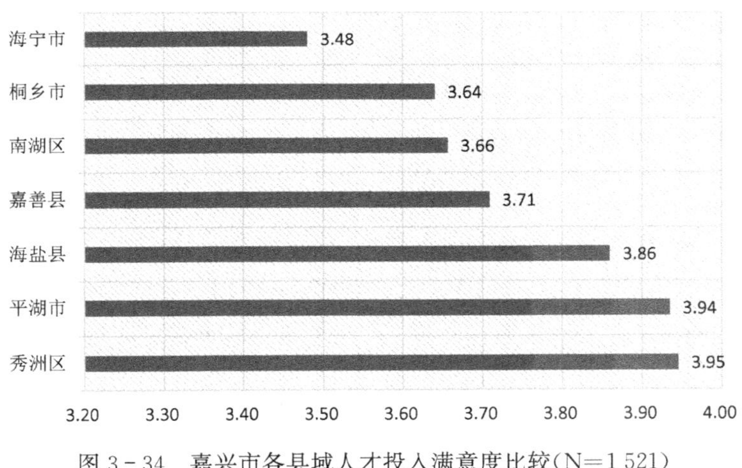

图 3－34 嘉兴市各县域人才投入满意度比较(N＝1 521)

（三）技术投入满意度比较

图 3－35 展示了各县域技术研发投入评价结果。课题组要求调研对象对本地技术研发投入力度、技术研发平台建设、技术研发人才项目建设等方面内容的满意度进行打分，其中，5 分表示“非常满意”，4 分表示“满意”，3 分表示“不确定”，2 分表示“不满意”，1 分表示“非常不满意”。本次调研共收集到 1 520 位人才的有效反馈，经过对调研对象评分的平均计算，其中，平湖市的平均得分最高，达

到 3.98 分;海盐县的平均得分为 3.92 分,排在第二位;嘉善县的平均得分为 3.88 分,排在第三位。

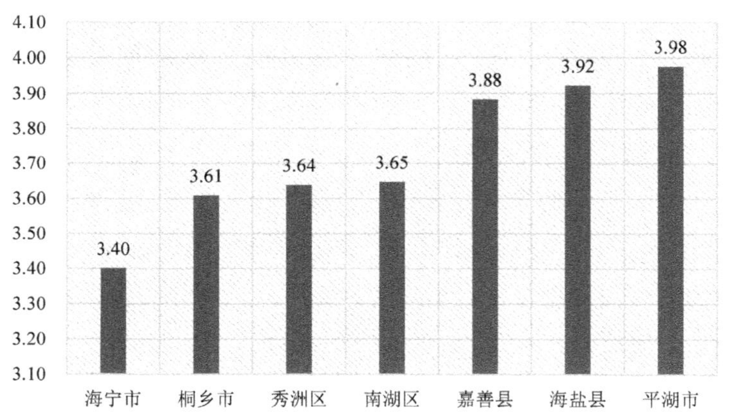

图 3-35　嘉兴市各县域技术研发投入满意度比较(N=1 520)

(四) 专项人才政策满意度比较

图 3-36 展示了各县域专项人才政策评价结果。课题组要求调研对象对专项人才政策与当地亟须发展产业的匹配程度、专项人才引进政策、国家/省/市专项人才政策的本地配套政策/配套经费等方面内容的满意度进行打分,其中,5 分表示“非常满意”,4 分表

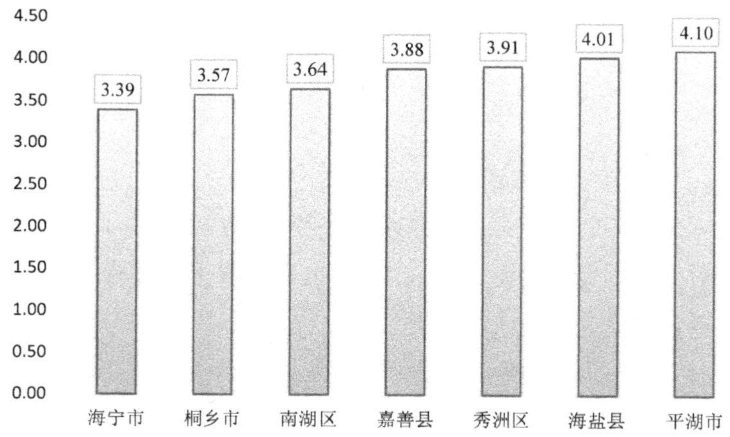

图 3-36　嘉兴市各县域专项人才政策满意度比较(N=1 520)

示"满意"，3 分表示"不确定"，2 分表示"不满意"，1 分表示"非常不满意"。本次调研共收集到 1 520 位人才的有效反馈，经过对调研对象评分的平均计算，其中，平湖市的平均得分最高，达到 4.10 分；海盐县的平均得分为 4.01 分，排在第二位；秀洲区的平均得分为 3.91分，排在第三位。来自平湖市、海盐县、秀洲区的调研对象对当地的专项人才政策更加满意。

（五）重点人才工程满意度比较

图 3－37 展示了各县域重点人才工程评价结果。课题组要求调研对象对重点人才工程评价机制、审批过程、监管状况、配套政策及经费等方面内容的满意度进行打分，其中，5 分表示"非常满意"，4 分表示"满意"，3 分表示"不确定"，2 分表示"不满意"，1 分表示"非常不满意"。本次调研共收集到 1 517 位人才的有效反馈，经过对调研对象评分的平均计算，其中，平湖市的平均得分最高，达到 4.01 分；秀洲区和海盐县的平均得分均为 3.90 分，并列第二位；嘉善县的平均得分均为 3.79 分，排在第三位。来自平湖市、海盐县、秀洲区、嘉善县的调研对象对重点人才工程的实施情况更加满意。

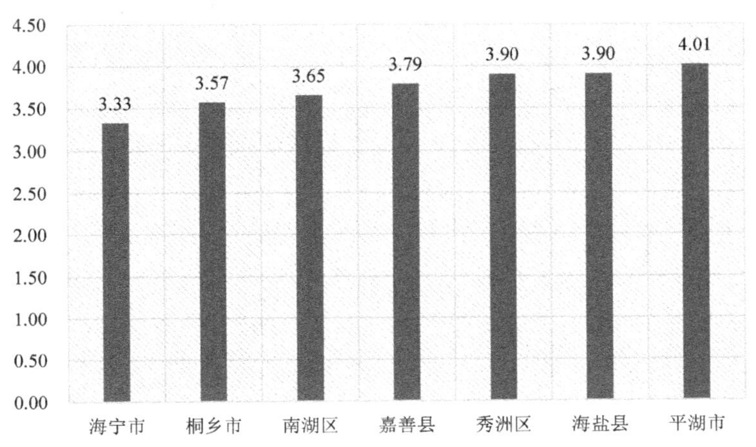

图 3－37　嘉兴市各县域重点人才工程满意度比较(N＝1 517)

（六）人才技术研发平台满意度比较

图 3 - 38 展示了各县域人才技术研发平台评价结果。课题组要求调研对象对当地院士工作站、博士后工作站、工程技术中心、省级重点企业研究院、省/市企业研发中心等平台建设的满意度进行打分，其中，5 分表示“非常满意”，4 分表示“满意”，3 分表示“不确定”，2 分表示“不满意”，1 分表示“非常不满意”。本次调研共收集到 1 517 位人才的有效反馈，经过对调研对象评分的平均计算，其中，平湖市的平均得分最高，达到 3. 86 分；海盐县的平均得分均为 3.84 分，排在第二位；嘉善县的平均得分均为 3. 77 分，排在第三位。来自平湖市、海盐县、嘉善县的调研对象对当地的技术研发平台建设更加满意。

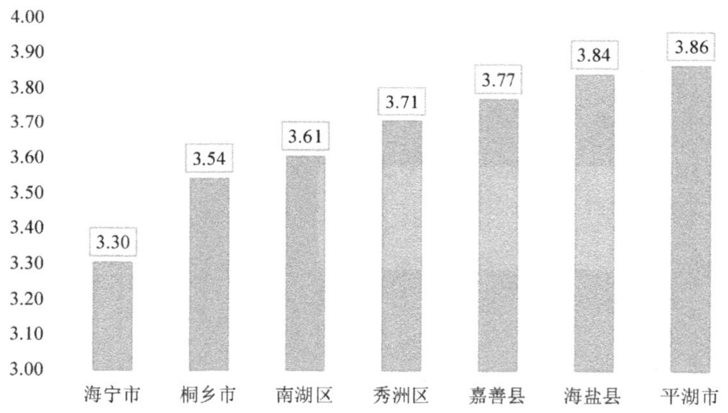

图 3 - 38 嘉兴市各县域技术研发平台建设满意度比较(N=1 517)

（七）人才交流和服务平台满意度比较

图 3 - 39 展示了各县域人才交流和服务平台评价结果。课题组要求调研对象对人才俱乐部等人才交流服务平台建设的满意度进行打分，其中，5 分表示“非常满意”，4 分表示“满意”，3 分表示“不确定”，2 分表示“不满意”，1 分表示“非常不满意”。本次调研共收集到 1 519 位人才的有效反馈，经过对调研对象评分的平均计

算，其中，平湖市的平均得分最高，达到 4.04 分；海盐县的平均得分均为 3.83 分，排在第二位；嘉善县的平均得分均为 3.80 分，排在第三位。来自平湖市、海盐县、嘉善县的调研对象对当地的人才交流服务平台更加满意。

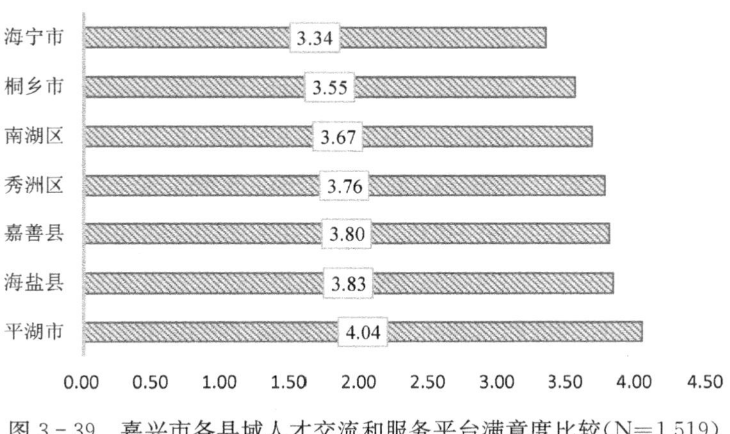

图 3－39　嘉兴市各县域人才交流和服务平台满意度比较(N＝1 519)

（八）人才工程公开程度满意度比较

图 3－40 展示了各县域人才工程公开程度评价结果。课题组要求调研对象对人才工程在信息发布、评审规则、评审流程、评审结

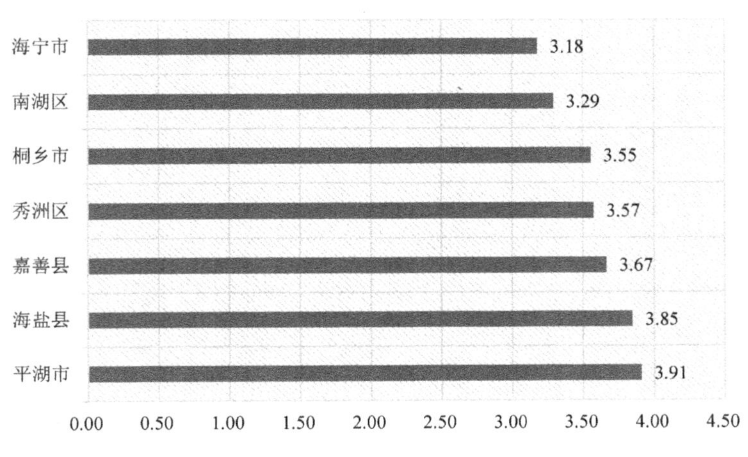

图 3－40　嘉兴市各县域人才工程公开程度满意度比较(N＝1 519)

果、后续追踪管理等方面公开程度的满意度进行打分，其中，5 分表示“非常满意”，4 分表示“满意”，3 分表示“不确定”，2 分表示“不满意”，1 分表示“非常不满意”。本次调研共收集到1 519位人才的有效反馈，经过对调研对象评分的平均计算，其中，平湖市的平均得分最高，达到 3.91 分；海盐县的平均得分均为 3.85 分，排在第二位；嘉善县的平均得分均为 3.67 分，排在第三位。来自平湖市、海盐县、嘉善县的调研对象对当地人才工程的公开程度更加满意。

（九）人才工程管理状况满意度比较

图 3-41 展示了各县域人才工程管理状况评价结果。课题组要求调研对象对人才工程的资助方式、过程监管状况、成果考核办法、后续追踪管理状况等方面内容的满意度进行打分，其中，5 分表示“非常满意”，4 分表示“满意”，3 分表示“不确定”，2 分表示“不满意”，1 分表示“非常不满意”。本次调研共收集到 1 511 位人才的有效反馈，经过对调研对象评分的平均计算，其中，平湖市的平均得分最高，达到 4.12 分；海盐县的平均得分均为 3.96 分，排在第二位；

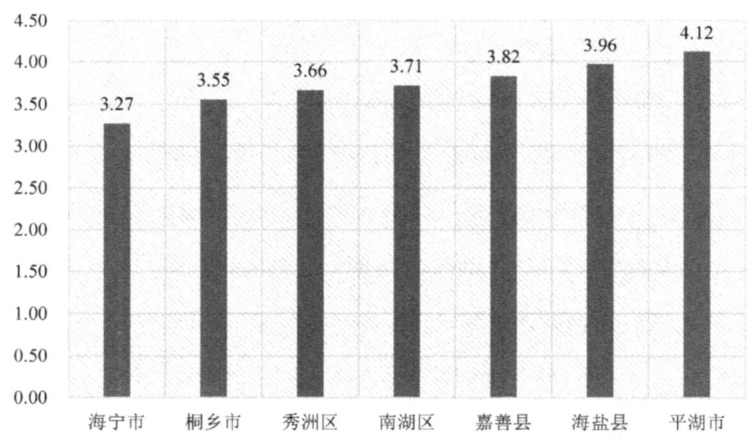

图 3-41　嘉兴市各县域人才工程管理满意度比较(N=1 511)

嘉善县的平均得分为3.82分，排在第三位。来自平湖市、海盐县、嘉善县的调研对象对当地人才工程的管理状况更加满意。

在人才的政策环境方面，基于来自各个县（市、区）的调研对象的主观评价发现：来自平湖市、海盐县的调研对象对当地政策环境的满意度较高；来自桐乡市、海宁市的调研对象对当地政策环境的满意度较低。

在主客观数据的对比分析中，海宁市、桐乡市、南湖区的技术研发投入及其占GDP比重在客观数据的分析中都处于优势地位，但是从本部分的主观调研结果来看，当地的调研对象对南湖区、海宁市、桐乡市的技术研发投入满意度并不高，这可以考虑从这几个县（市、区）的技术研发投入是否主要集中在研发导向的人才发展平台建设，技术研发投入是否集中于高层次创新创业人才等几个方面寻找原因。海宁市、桐乡市在关于人才专项投入的客观评价中处于优势地位，却在关于人才专项投入主观评价中处于劣势地位；平湖市在关于人才专项投入的主观评价中处于比其在关于人才专项投入客观评价中更加优势地位，这就说明海宁市、桐乡市的人才专项投入可能在人才专项投入的方式、人才专项投入的监管、人才专项投入的评价机制等方面存在问题；而平湖市的人才专项投入可能在人才的发展过程中发挥了良好的效果。

在人才政策环境的重点问题关注方面，来自7个县（市、区）的调研对象对人才的技术研发投入、技术研发平台建设、人才工程的公开程度、人才工程的管理状况等方面的满意度普遍偏低，因此，人才政策环境中的技术研发投入、技术研发平台建设、人才工程的公开程度、人才工程的管理状况等方面问题应该得到相关部门的重视。

七、社会服务环境满意度比较

（一）社会服务环境总体满意度比较

在各县域人才对当地社会服务环境的主观评价方面，课题组要求调研对象对医疗保健服务、住房保障服务、教育服务、户籍政策服务等反映当地社会服务环境的 4 个方面的满意度进行打分，其中，5 分表示“非常满意”，4 分表示“满意”，3 分表示“不确定”，2 分表示“不满意”，1 分表示“非常不满意”。经过对调研对象评分的平均计算，结果如图 3 - 42 所示，平湖市的得分最高，达到 3. 91 分；海盐县的得分为 3. 84 分，排在第二位；秀洲区的得分为 3. 82 分，排在第三位。来自平湖市、海盐县、秀洲区的调研对象对当地的社会服务更加满意。

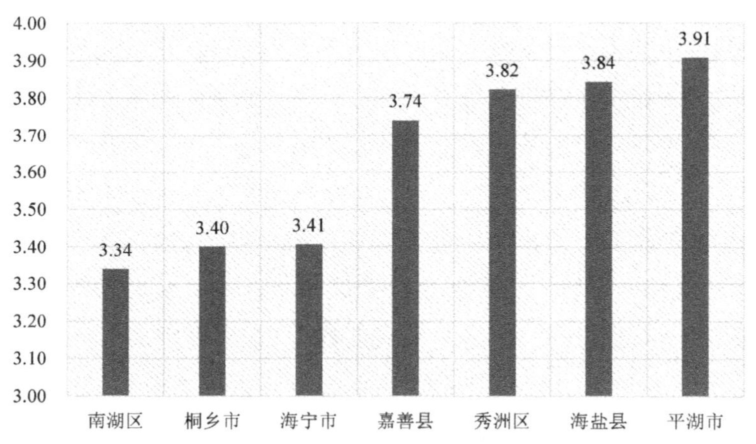

图 3 - 42　嘉兴市各县域社会服务环境的总体满意度比较

（二）医疗保健服务满意度比较

图 3 - 43 展示了各县域医疗保健服务评价结果。课题组要求调研对象对当地医疗机构的数量、资质、服务质量的满意度以及医疗保健政策的转移接续、覆盖范围等方面内容的满意度进行打分，其中，5 分表示“非常满意”，4 分表示“满意”，3 分表示“不确定”，2 分表示“不满意”，1 分表示“非常不满意”。本次调研共收集到1 519 位人才的有效反馈，经过对调研对象评分的平均计算，其中，秀洲区的平均得分最高，达到 3. 88 分；平湖市和海盐县的平均得分均为

3.87分，并列第二位；嘉善县的平均得分均为3.70分，排在第三位。来自秀洲区、平湖市、海盐县、嘉善县的调研对象对当地的医疗保健服务更加满意。

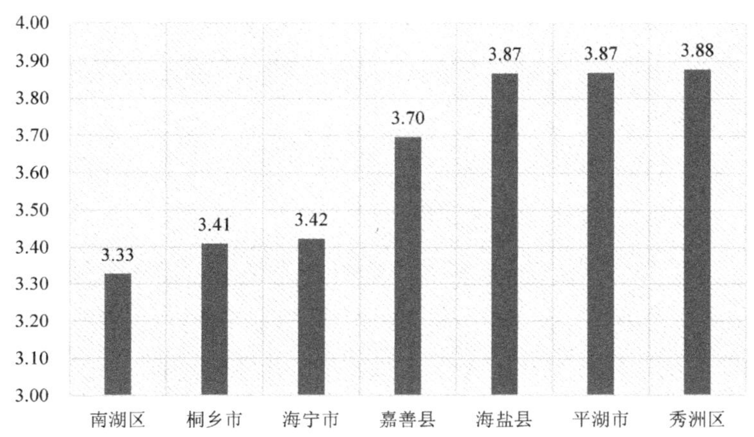

图3-43 嘉兴市各县域医疗保健服务满意度比较(N=1 519)

（三）住房保障服务满意度比较

图3-44展示了各县域住房保障服务评价结果。课题组要求调研对象对当地人才公寓建设、人才公寓的覆盖力度、差异化人才租房补贴及购房补贴等方面内容的满意度进行打分，其中，5分表示“非常满意”，4分表示“满意”，3分表示“不确定”，2分表示“不满

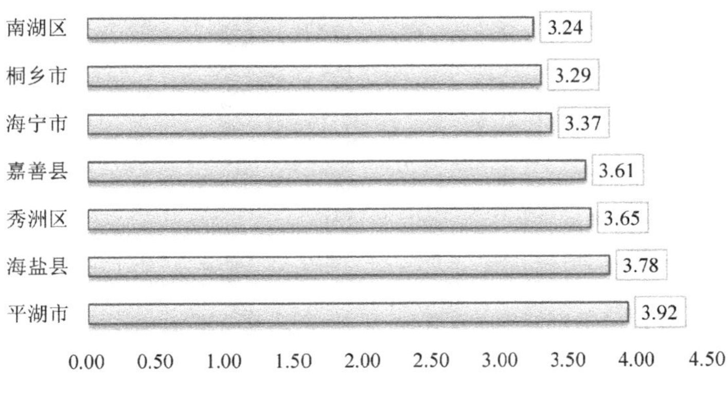

图3-44 嘉兴市各县域住房保障服务满意度比较(N=1 520)

意”,1 分表示“非常不满意”。本次调研共收集到 1 520 位人才的有效反馈,经过对调研对象评分的平均计算,其中,平湖市的平均得分最高,达到 3.92 分;海盐县的平均得分均为 3.78 分,处于第二位;秀洲区的平均得分均为 3.65 分,排在第三位。来自平湖市、海盐县、秀洲区的调研对象对当地以人才公寓建设为核心的住房保障服务更加满意。

（四）教育服务满意度比较

图 3-45 展示了各县域教育服务评价结果。课题组要求调研对象对当地中小学的资质及办学水平、当地重点中小学的分布状况、子女的入学机会及便利性等方面内容的满意度进行打分,其中,5 分表示“非常满意”,4 分表示“满意”,3 分表示“不确定”,2 分表示“不满意”,1 分表示“非常不满意”。本次调研共收集到 1 520 位人才的有效反馈,经过对调研对象评分的平均计算,其中,平湖市的平均得分最高,达到 3.97 分;秀洲区的平均得分为 3.96 分,处于第二位;海盐县的平均得分均为 3.88 分,排在第三位。来自平湖市、秀洲区、海盐县的调研对象对当地的教育服务更加满意。

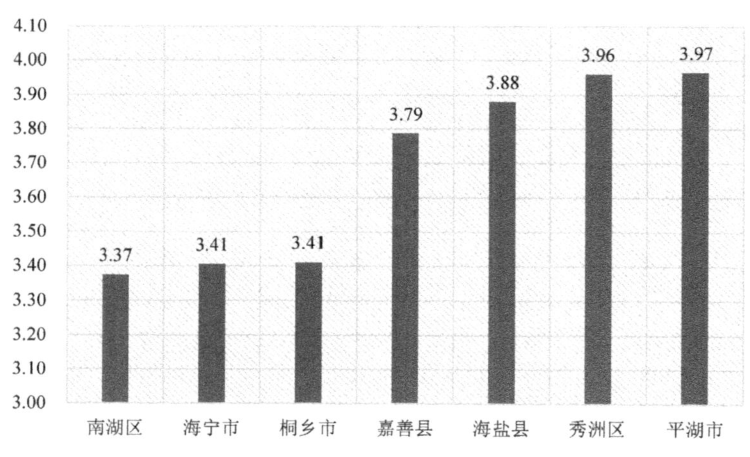

图 3-45　嘉兴市各县域教育服务满意度比较(N=1 520)

（五）户籍政策服务满意度比较

图 3－46 展示了各县域户籍政策服务评价结果。课题组要求调研对象对落户的便利性、户籍办理的一站式服务状况、户籍管理的信息化水平、户籍与公共服务的衔接状况等方面内容的满意度进行打分，其中，5 分表示“非常满意”，4 分表示“满意”，3 分表示“不确定”，2 分表示“不满意”，1 分表示“非常不满意”。本次调研共收集到 1 520 位人才的有效反馈，经过对调研对象评分的平均计算，其中，平湖市的平均得分最高，达到 3.88 分；嘉善县的平均得分均为 3.87 分，处于第二位；海盐县的平均得分均为 3.84 分，排在第三位。来自平湖市、嘉善县、海盐县的调研对象对当地户籍政策服务更加满意。

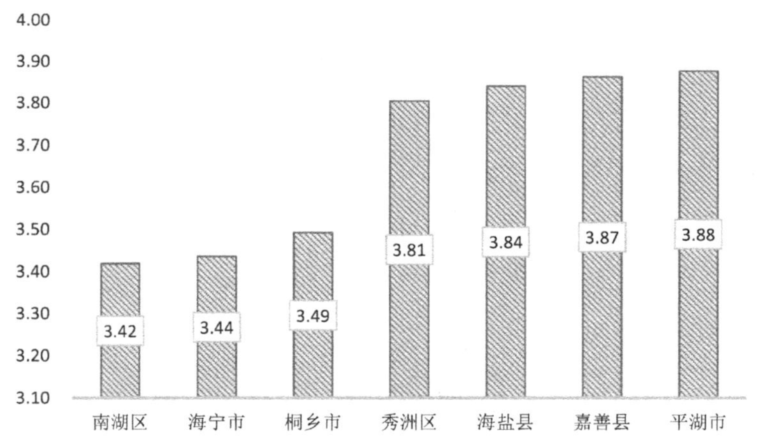

图 3－46　嘉兴市各县域户籍政策服务满意度比较（N＝1 520）

在人才的社会服务环境方面，基于来自各个县（市、区）的调研对象的主观评价发现：来自平湖市、海盐县的调研对象对当地社会服务环境的满意度较高；来自桐乡市、南湖区的调研对象对当地社会服务环境的满意度较低。在人才社会服务环境的重点问题关注方面，来自 7 个县（市、区）的调研对象对医疗保健、住房保障、教育服务、户籍政策服务等方面的满意度普遍偏低，因此，人才服务环境中的医疗保健、住房保障、教育服务、户籍政策服务等方面问题应该得到相关部门的重视。

八、人才整体满意度比较

在各县域人才整体满意度方面，通过对 7 个县(市、区)人才对当地人才政策的满意度、对当地人才服务的满意度、在当地工作与生活的满意度、留在当地工作的意愿、对本地的推荐意愿及流动意愿等几个方面的评价结果反映人才在当地发展的整体满意度。

(一) 人才政策及效果满意度比较

图 3-47 展示了各县域人才政策及效果满意度评价结果。关于本地人才政策及效果满意度评价是要求调研对象根据自己的切实感受对本地人才政策及实施效果进行整体评价，其中，5 分表示“非常满意”，4 分表示“满意”，3 分表示“不确定”，2 分表示“不满意”，1 分表示“非常不满意”。本次调研共收集到 1 521 位人才的有效反馈，其中，平湖市的平均得分最高，达到 4.15 分；海盐县的平均

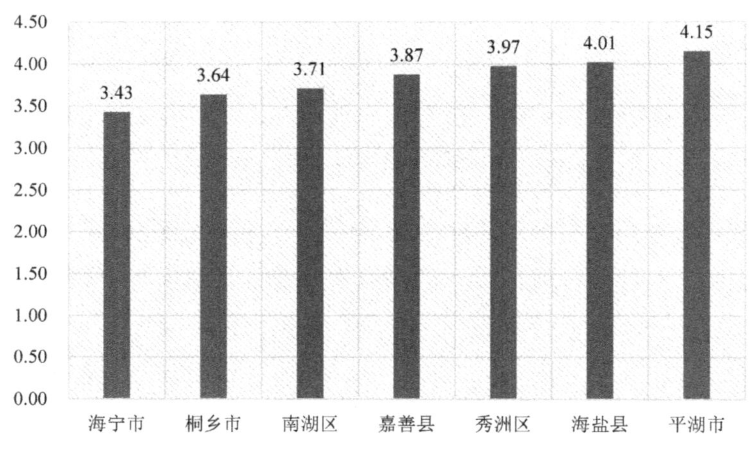

图 3-47 嘉兴市各县域人才政策及效果满意度比较(N=1 521)

得分均为 4.01 分，处于第二位；秀洲区的平均得分均为 3.97 分，排在第三位。来自平湖市、海盐县、秀洲区的调研对象对当地人才政策及实施效果更加满意。

（二）人才服务及效果满意度比较

图 3－48 展示了各县域人才服务及效果满意度评价结果。关于本地人才服务及效果满意度评价是要求调研对象根据自己的切实感受对本地人才服务及实施效果进行整体评价，其中，5 分表示“非常满意”，4 分表示“满意”，3 分表示“不确定”，2 分表示“不满意”，1 分表示“非常不满意”。本次调研共收集到 1 521 位人才的有效反馈，其中，秀洲区的平均得分最高，达到 4.18 分；平湖市的平均得分均为 4.12 分，处于第二位；海盐县的平均得分均为 4.05 分，排在第三位。来自秀洲区、平湖市、海盐县的调研对象对当地人才服务及实施效果更加满意。南湖区在人才服务方面的主观评价满意度最低，可能与其较低的公共服务投入有关。

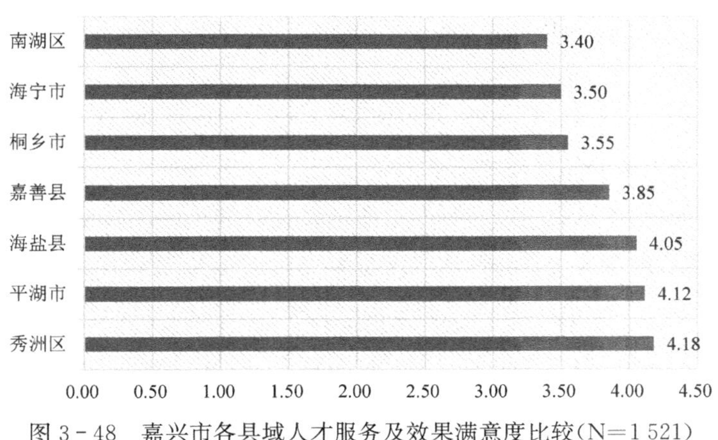

图 3－48　嘉兴市各县域人才服务及效果满意度比较（N＝1 521）

（三）人才工作及发展满意度比较

图 3－49 展示了各县域人才工作及发展满意度评价结果。关于本地人才工作及发展满意度评价是要求调研对象根据自己的切

实感受对自身在本地工作和发展的整体感受进行评价，其中，5 分表示“非常满意”，4 分表示“满意”，3 分表示“不确定”，2 分表示“不满意”，1 分表示“非常不满意”。本次调研共收集到 1 518 位人才的有效反馈，其中，海盐县和平湖市的平均得分最高，达到 4.00 分；秀洲区的平均得分为 3.94 分，处于第二位；嘉善县的平均得分均为 3.90分，排在第三位。来自海盐县、平湖市、秀洲区、嘉善县的调研对象对自身在当地的工作及发展更加满意。

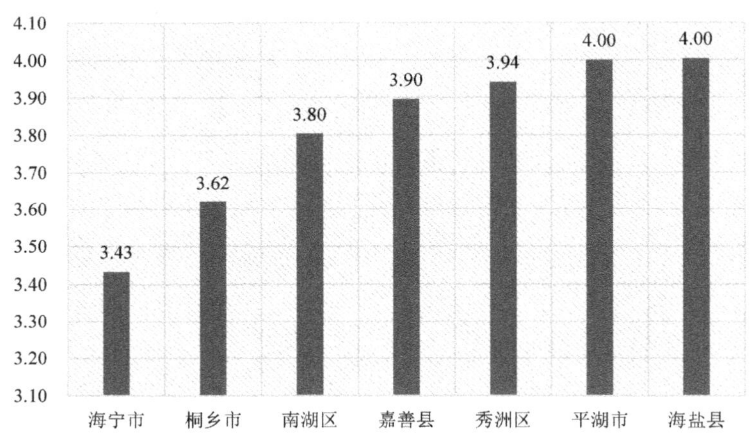

图 3 - 49　嘉兴市各县域人才工作及发展满意度比较(N=1 518)

（四）人才居留意愿比较

图 3 - 50 展示了各县域人才居留意愿评价结果。关于本地人才居留意愿的调查是要求调研对象根据自己的切实感受来选择自己在未来的 3—5 年会不会继续留在嘉兴发展，其中，5 分表示“肯定会”，4 分表示“会”，3 分表示“不确定”，2 分表示“不会”，1 分表示“肯定不会”。本次调研共收集到 1 501 位人才的有效反馈。整体而言，调研对象的评分较高，普遍具有较强的居留意愿。其中，人才留在平湖市发展的意愿最强烈，评分达到 4.27 分；人才留在秀洲区发展的意愿也较为强烈，评分达到 4.17 分；来自嘉善县的调研对象的平均评分为 4.14 分，在嘉善县的人才也有较强的居留意愿。

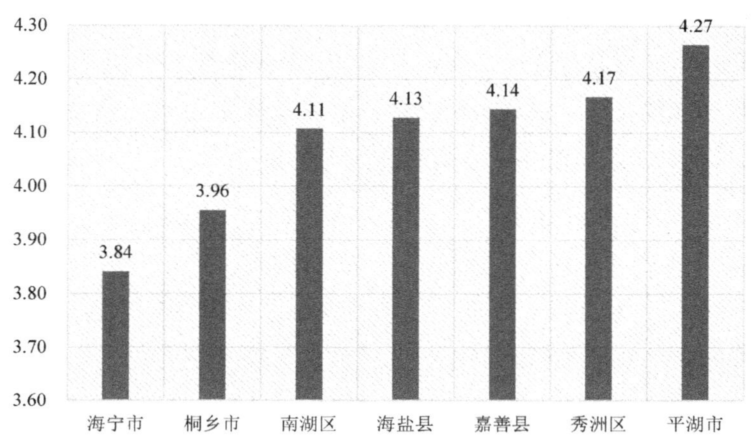

图 3-50　嘉兴市各县域人才居留意愿(未来 3—5 年)比较(N=1 501)

（五）人才推介意愿比较

图 3-51 展示了各县域人才推介意愿评价结果。关于本地人才推介意愿的调查是要求调研对象根据自己的切实感受来选择自己是否会推荐或介绍亲朋好友来嘉兴投资、创业、工作、生活，其中，5 分表示“肯定会”，4 分表示“会”，3 分表示“不确定”，2 分表示“不会”，1 分表示“肯定不会”。本次调研共收集到 1 519 位人才的有效反馈，其中，来自平湖市的调研对象的推介意愿最强烈，评分达到 3.94 分；来自嘉善县的调研对象的推介意愿也较为强烈，评分达到

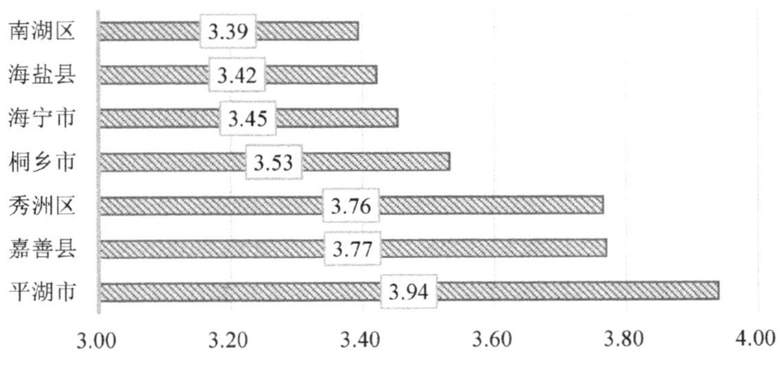

图 3-51　嘉兴市各县域人才推介意愿比较(N=1 519)

3.77分;来自秀洲区的调研对象的评分为3.76分,也具有较强的推介意愿。推介意愿也是衡量人才对自身在本地工作、生活满意度的重要衡量指标。来自南湖区的调研对象对南湖区的推介意愿最弱,可能与南湖区较低的公共服务投入有关。

(六)人才流动意愿评价

表3-1和图3-52展示了各县域人才流动意愿统计结果。关于本地人才流动意愿的调查是要求调研对象根据自己的切实感受来选择自己是否会离开目前所在地前往嘉兴市其他区域发展以及其具体流向嘉兴市哪个地区。本次调研中关于"自己是否会离开目前所在地前往嘉兴市其他区域发展"共收集到1 518位人才的有效反馈。其中,151位人才表示会离开目前所在地前往嘉兴市其他区域发展;581位人才表示不会离开目前所在地前往嘉兴市其他区域发展;还有786位表示目前不确定,需根据之后的情况决定是否会离开目前所在地前往嘉兴市其他区域发展。

表3-1 人才流动意愿评价(N=1 518)

	您是否会离开目前所在地前往嘉兴市其他区域发展		
	是	看情况	否
海宁市	17	116	94
海盐县	38	149	55
嘉善县	39	117	74
南湖区	18	79	101
平湖市	8	91	101
桐乡市	13	105	82
秀洲区	18	129	74
共　计	151	786	581

具体到各县域,如表3-1所示,海盐县和嘉善县表示会离开

目前所在地前往嘉兴市其他区域发展的人数最多，表示留在目前所在地不会前往嘉兴市其他区域发展的人数最少。整体而言，大部分人才表示目前不确定，需根据之后的情况决定是否会离开目前所在地前往嘉兴市其他区域发展。因此，各县域人才工作的开展和人才服务的完善将有助于留住这部分占比例较大且持犹豫态度的人才，人才工作开展是合理、有效，人才服务是否贴心、完善将决定这部分人才的去留，由此可见，各县域人才工作的开展和人才服务的供给任重道远。

另外，本次调研中关于“如果有可能，您会前往嘉兴市哪一个区域发展”共收集到 588 位人才的有效反馈。结果如图 3－52 所示，其中，164 位人才表示会前往南湖区发展；88 位人才表示会前往海宁市发展；74 位人才表示会前往秀洲区发展；61 位人才表示会前往嘉善县发展；55 位人才表示会前往桐乡市发展；52 位人才表示会前往平湖市发展；50 位人才只是模糊地表示会前往嘉兴市城区发展；

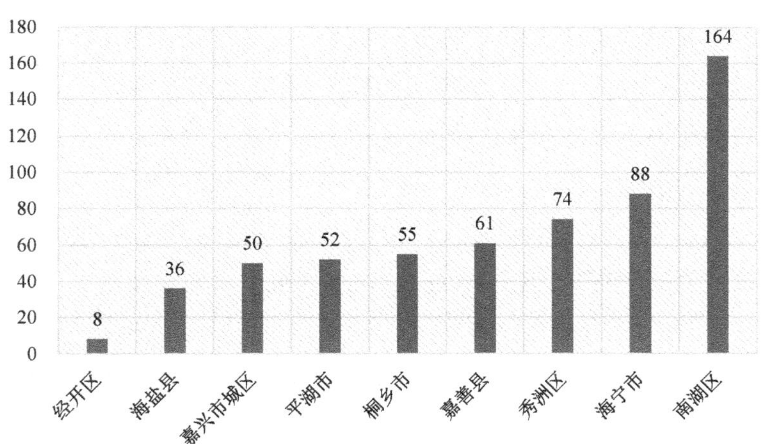

图 3－52　嘉兴市各县域人才流动意愿比较（N＝588）①

① 其中，南湖区统计数据中，包括选择城东区的 8 位人才及选择科技城的 2 位人才。因为，嘉兴市城区包括南湖区和秀洲区，经开区也涉及南湖区和秀洲区，所以，难以严格区分界定，故单独列出。

36 位人才表示会前往海盐县发展;8 位人才表示会前往经开区发展。其中,表示会前往南湖区的人才最多,其次是海宁市。这与之前“自己会离开目前所在地前往嘉兴市其他区域发展”的调查中南湖区和海宁市人才稳定性最高的结果相吻合。另外,本调查中表示会前往海盐县的人才较少。这与之前“自己会离开目前所在地前往嘉兴市其他区域发展”的调查中海盐县的人才流失可能性强的结果相吻合。因此,南湖区、海宁市是人才比较向往的工作、生活地点。

九、对未来人才政策及服务的期望分析

为进一步把握嘉兴市县域人才工作中存在的问题,了解人才对嘉兴市未来县域人才政策及服务的期望,课题组采取基于共词分析的社会网络分析方法来进行识别。

(一)替代研究问题设计

人才工作的开展和人才服务的完善是留住人才的关键。人才投入机制的健全、人才生态环境的改善、人才政策服务的创新最终都需要作用于人才本身,需要满足人才自身发展的需求。只有人才自身认为当地人才投入机制、人才生态环境、人才政策服务切实为自身的工作、生活提供了便利,为自身的发展提供了契机,这才表明人才政策、服务产生了效果,反之,人才的主观期望往往是当地人才政策、服务有待改进的空间。

为了保证调研数据来源的客观性、真实性,本书中关于嘉兴市各县域人才发展过程中可能存在的问题,课题组采用替代变量进行测量。在研究中课题组采用“您是否离开目前所在地前往嘉兴市其他区域发展”来替代调研对象所认为的当地人才工作及服务中存在的一些问题。鉴于目前各县域调研对象中有一大部分对是否离开本地持观望态度,可见,嘉兴市各县域人才政策和服务中存在有待改

善的空间。课题组将基于此部分的调研分析结果探索后续的县域人才发展策略。

（二）数据获取及编码分析

基本研究需求，本书在了解调研对象对人才政策、人才服务的满意度的基础上，进一步调查他们对当地人才政策及服务的期望。课题组通过开放式题目“您认为本地人才政策及服务在未来3—5年中最应改善的1—3个方面是”进行意见、建议征集。本次调研共收集到781位人才的有效反馈。

由于此次数据来源于调研对象的开放式问答，因此，针对同一问题，不同的调研对象可能采取不同的表达方式，为确保后续统计分析和数据处理的便利性，课题组首先对调研对象回答的内容进行缩写、编码。比如，“加强人才平台和设施建设”缩写为“人才平台”；“人才子女教育问题上出台配套措施，给予照顾和安排，节约外来人才后顾之忧”缩写为“子女教育”；“人才公寓不足，期待扩建”缩写为“人才公寓”等。

（三）关键问题共词分析

共词分析法。通过共词分析法对调研对象开放式回答中出现的相同问题进行统计，通过此问题出现的频率来初步判定该问题的重要性，从而初步了解调研对象所关注的焦点问题。运用词频统计分析工具从781位调研对象的开放式回答中提取关键问题267项，人均关键问题0.34项，进而选择频率高于8次的32项高频关键问题，见表3－2。

基于32个高频关键问题在781位调研对象的开放式回答中两两共现的频率，构建了32×32的关键问题的共词矩阵。关于共词矩阵的构建，主要采取如下方法：若某一项人才政策及服务期望与另外一项人才政策及服务期望同时对应着同一调研对象，则计为“1”，否则计为“0”，矩阵如表3－3所示。

表 3-2　高频词列表

序号	关 键 词	频次	序号	关 键 词	频次
1	住房保障	188	17	人才招聘	23
2	人才平台(交流与服务)	138	18	人才投入	23
3	子女教育	100	19	人才政策宣传	22
4	收入水平	90	20	高层次人才待遇	22
5	人才引进	76	21	基础设施建设	21
6	人才重视程度	76	22	人才发展	20
7	人才培训	60	23	物价水平	19
8	医疗保障	53	24	人才福利	18
9	公共交通	47	25	研发环境	17
10	自然环境	43	26	房价水平	17
11	人才政策落实	36	27	人才公寓	15
12	人才服务	30	28	人才市场	13
13	创业支持	34	29	人才流动	13
14	落户政策	29	30	投融资环境	11
15	留住人才	24	31	研发投入	11
16	技术人才政策	24	32	休闲娱乐服务	8

表 3-3　基于关系数据的共词矩阵(局部截图)

	住房保障	人才平台	子女教育	收入水平	人才引进	重视人才	人才培训	医疗保障	公共交通	自然环境
住房保障	1	1	1	1	1	1	1	1	1	1
人才平台	1	1	1	0	1	1	1	1	0	0
子女教育	1	1	1	1	1	1	1	1	1	1
收入水平	1	0	1	1	1	0	1	1	1	1
人才引进	1	1	1	1	1	0	1	1	1	0
重视人才	1	1	1	0	0	1	1	1	1	0
人才培训	1	1	1	1	1	1	1	0	1	1
医疗保障	1	1	1	1	1	1	0	1	1	1
公共交通	1	0	1	1	1	1	1	1	1	1
自然环境	1	0	1	1	0	0	1	1	1	1

在基于对关系数据共词分析的基础上，运用 O chiia 相似系数①对矩阵进行标准化、规范化处理，最终得到代表关键词问题相似程度的共词矩阵，见表 3-4。表 3-4 中共词矩阵的数值大小表示相应的两个关键问题之间相似程度的大小，数值越大表明关键问题之间的相似程度越高，反之表明相似程度越低。例如：在该矩阵中，医疗保障与子女教育之间的系数较大，表明医疗保障与子女教育之间相似度较高；自然环境与住房保障之间的系数较大，表明自然环境与住房保障之间相似度较高。

表 3-4 基于 O chiia 相似系数的共词矩阵(局部截图)

	住房保障	人才平台	子女教育	收入水平	人才引进	重视人才	人才培训	医疗保障	公共交通	自然环境
住房保障	1.00	−0.36	0.68	0.34	−0.03	0.33	0.26	0.53	0.33	0.50
人才平台	−0.36	1.00	−0.12	−0.27	0.13	0.12	0.04	−0.14	−0.28	−0.31
子女教育	0.68	−0.12	1.00	0.07	0.18	0.39	0.11	0.49	0.19	0.31
收入水平	0.34	−0.27	0.07	1.00	−0.27	−0.23	−0.17	0.21	0.33	0.31
人才引进	−0.03	0.13	0.18	−0.27	1.00	0.27	0.18	0.00	−0.01	0.09
重视人才	0.33	0.12	0.39	−0.23	0.27	1.00	0.45	0.35	0.09	0.25
人才培训	0.26	0.04	0.11	−0.17	0.18	0.45	1.00	0.19	0.12	0.13
医疗保障	0.53	−0.14	0.49	0.21	0.00	0.35	0.19	1.00	0.45	0.44
公共交通	0.33	−0.28	0.19	0.33	−0.01	0.09	0.12	0.45	1.00	0.39
自然环境	0.50	−0.31	0.31	0.31	0.09	0.25	0.13	0.44	0.39	1.00

（四）关键问题社会网络分析

社会网络分析法主要是在对高频关键问题的共词分析基础上，进一步通过借助社会网络分析软件 Ucinet 构建调研对象与人才政

---

① 具体的公式为：$O\,\text{chiia}(A,B)=\dfrac{C_{AB}}{\sqrt{C_A}\times\sqrt{C_B}}$，其中：$O\,\text{chiia}(A,B)$ 表示 A、B 两词的 O chiia 系数；C_{AB} 表示 A、B 两词共同出现的次数；$\sqrt{C_A}$ 表示 A 出现的次数；$\sqrt{C_B}$ 表示 B 出现的次数。

策及服务期望的互动关系，以社会网络图谱的形式揭示调研对象所关注的焦点问题，为未来人才政策执行和人才服务供给提供方向性指引。

在关键词共词分析的基础上，引入 Ucinet 软件绘制基于关键问题的共词社会网络图谱，通过计算网络的密度、中心度等指标，进一步分析判断调研对象对于人才政策及服务的期望，从而明确下一阶段人才工作的重点任务。下图 3-53 展示了关键问题共词矩阵导入 Ucinet 后所生成的关于人才政策及服务期望的社会网络图谱。

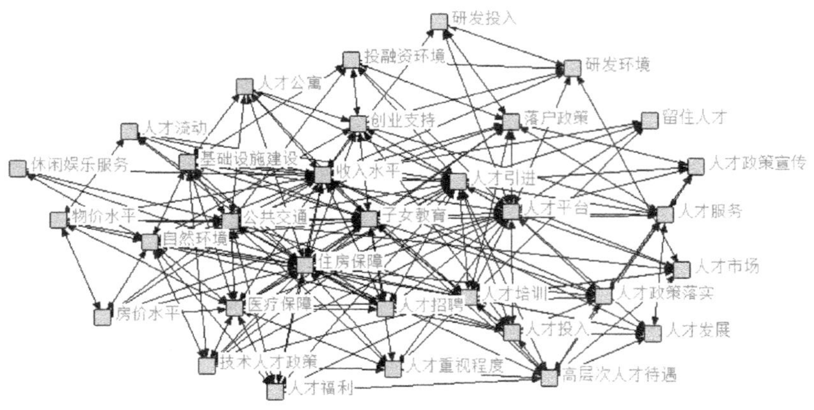

图 3-53　人才政策及服务期望的社会网络图谱

图 3-53 的网络密度为 35.48%。另外，图 3-53 中各关键问题的中心度依次为：住房保障的中心度为 77.42，子女教育的中心度为 70.97，收入水平的中心度为 70.97，人才平台的中心度为 67.74，人才引进的中心度为 67.74，公共交通的中心度为 58.07，人才培训的中心度为 51.61，医疗保障的中心度为 48.39，自然环境的中心度为 45.16，创业支持的中心度为 35.48，人才投入的中心度为 35.48，高层次人才待遇的中心度 35.48，基础设施建设的中心度为 35.48，落户政策的中心度为 32.26，人才招聘的中心度为 32.26，人才政策落实的中心度为 29.03，人才服务的中

心度为 29.03，技术人才政策的中心度为 29.03，人才重视程度的中心度为 25.81，物价水平的中心度为 25.81，人才福利的中心度为 25.81，人才发展的中心度为 22.58，房价水平的中心度为 22.58，人才公寓的中心度为 22.58，人才市场的中心度为22.58，投融资环境的中心度为 22.58，研发环境的中心度为19.35，人才流动的中心度为 19.35，人才政策宣传的中心度为 16.13，留住人才的中心度 12.90，研发投入的中心度 12.90，休闲娱乐的中心度 12.90。

基于上述关键问题出现频次及其在社会网络中的中心度，本书总结出当前各县域人才发展过程中存在的一些共性问题①：人才引进问题、人才培养问题、人才研发及服务平台建设问题、住房保障问题、子女教育问题等。

① 此处对关键问题的提取标准为：出现的频次高于 50 次，同时中心度高于 50。

第四章　嘉兴市县域人才发展和竞争力状况：综合比较

为避免将嘉兴市 7 个县(市、区)人才发展与竞争力状况局限于某一时间节点，实现全方位地展示嘉兴市 7 个县(市、区)人才发展及竞争力的动态趋势，进而了解嘉兴市 7 个县(市、区)人才发展速度和未来发展的潜力，本部分首先对嘉兴市 7 个县(市、区)在 2011 年至 2015 年("十二五"期间)的人才发展中人才投入状况、人才产出状况、人才环境状况、人才效能状况进行纵向比较，清晰地了解每一个县(市、区)在人才发展过程中各个方面的发展速度与发展潜力，从而更加系统地、客观地看待各个县(市、区)的人才发展及竞争力状况。基于 IPO 理论模型，嘉兴市各县域人才发展是一个人才投入、人才过程、人才产出的过程。上述章节基于嘉兴市 7 个县(市、区)人才发展与竞争力主客观评价体系从单个准则(如人才投入或人才产出)进行横向、纵向比较，但是并未对人才投入、人才过程、人才产出的内在逻辑关系进行比较。那么，人才投入一定会带来人才产出吗？人才投入一定会带来人才环境的改善吗？公共服务投入一定会带来人才对社会服务环境满意度的提升吗？这些逻辑关系需要课题组进一步分析数据进行验证。另外，理清人才投入到人才产出过程中的逻辑关系，才能明确未来人才工作的重点。因此，本部分将在对人才准则层的纵向竞争力比较基础上，对这些关键要素的逻辑关系进行进一步明确。

人才政策的设计与执行、人才服务的分配与供给的初衷是将县域内的人才存量转化为人才产出。作为重要的利益主体，人才对县域政府的人才政策、人才服务是否认可和肯定，才是政府的人才政策、人才服务是否有效的关键，因此，人才的主观感受将是反馈政府的人才政策、人才服务最有效的关键。本部分第三节内容将基于7个县（市、区）人才发展与竞争力的客观数据和主观评价进行比较分析，通过观测政府部门提供的关于人才生活环境方面、人才市场环境的客观数据与人才对生活环境、人才市场环境满意度的比对，更加直观、准确地了解政府部门的人才政策、人才服务能否有效地转化为当地人才环境的改善，转化为人才的活力。

本部分内容将主要围绕嘉兴市7个县（市、区）人才发展与竞争力的客观数据，通过对其进行纵向比较；对其内部关键要素的逻辑关系进行比较、分析；将其与相对应的主观数据进行比对、分析；进而从纵向、横向、主客观三个角度全面掌握嘉兴市各县域的人才发展与竞争力状况。

一、嘉兴市县域人才发展纵向比较

（一）人才投入的纵向比较

在县域人才投入方面，通过对7个县（市、区）2011年至2015年在研发与人才投入、载体投入、公共服务投入等方面数据的指数化处理及聚类分析，结果发现，如图4-1所示，总体而言，在2011年至2015年，各县域的人才投入均呈现递增趋势，其中，平湖市在人才投入方面的起点相对较低，但是增长趋势最为明显；海盐县在人才投入方面的起点相对最高，但是增长趋势趋于平缓；就具体年度而言，平湖市在2015年的人才投入增长最快，另外，桐乡市、秀洲区在2015年的人才投入方面也有较高的增幅。

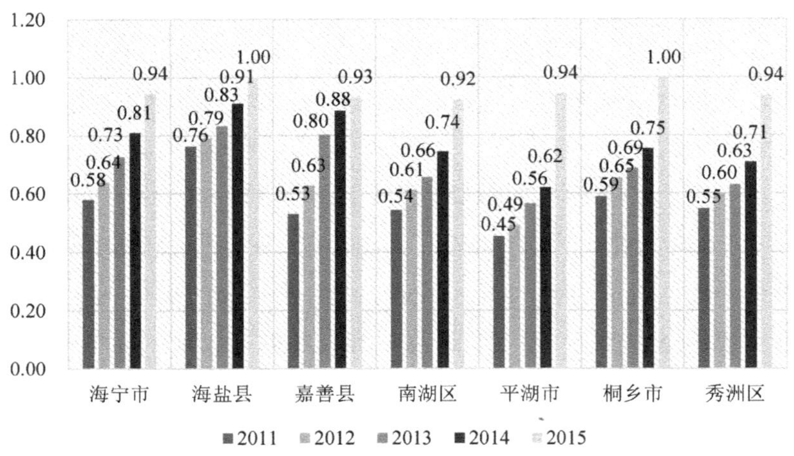

图 4-1 嘉兴市县域人才投入的纵向比较

（二）人才产出的纵向比较

在县域人才产出方面，通过对 7 个县（市、区）2011 年至 2015 年在人才数量产出、人才质量产出等方面数据的指数化处理及聚类分析，结果发现，如图 4-2 所示，总体而言，2011 年至 2015 年间，各县域的人才产出总体呈现增长趋势，其中，海盐县、平湖市、秀洲区在

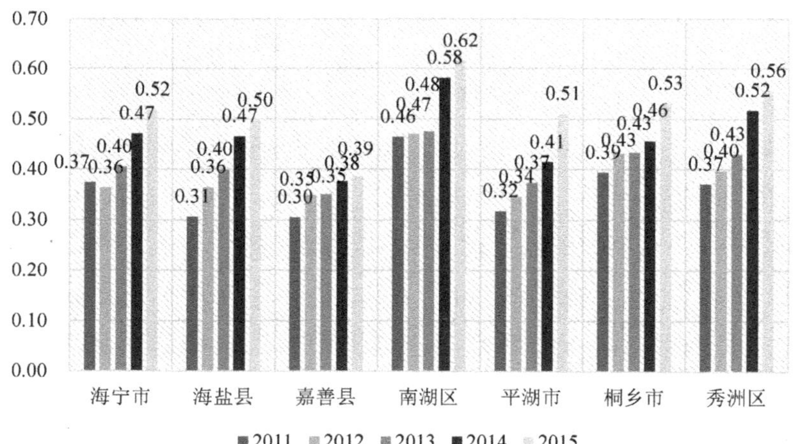

图 4-2 嘉兴市县域人才产出的纵向比较

人才产出方面均保持相对较高的增长趋势，南湖区、桐乡市也保持较高的增长趋势。结合各县域在2011年至2015年间的人才投入状况分析，平湖市、桐乡市、秀洲区的人才投入得到了人才产出的有效反馈。

（三）人才环境的纵向比较

在县域人才环境方面，通过对7个县（市、区）2011年至2015年在人居生活环境、人才市场环境等方面数据的指数化处理及聚类分析，结果发现，如图4-3所示，总体而言，2011年至2015年间，各县域的人才环境呈现不断改善的趋势，其中，嘉善县、南湖区、平湖市在改善人才环境方面均保持较快的速度，海宁市、海盐县在改善人才环境方面速度则相对平缓。就具体年度而言，各县域在2014年度和2015年度改善环境的速度明显加快。

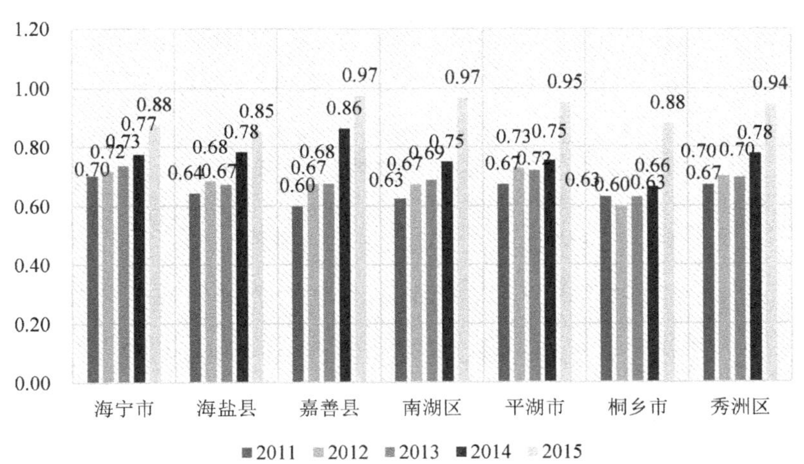

图4-3　嘉兴市县域人才环境的纵向比较

（四）人才效能的纵向比较

在县域人才效能方面，通过对7个县（市、区）2011年至2015年在经济效能、科技效能、社会效能等方面数据的指数化处理及聚类分析,结果发现,如图 4-4 所示,总体而言,在 2011 年至 2015 年,各县域的人才效能呈现增长趋势,其中,嘉善县、海宁市、平湖市在人才效能方面均保持相对较高的增长趋势,其他县域的增长趋势也非常明显。就具体年度而言,各县域在 2014 年度和 2015 年度人才效能的增速尤为明显。

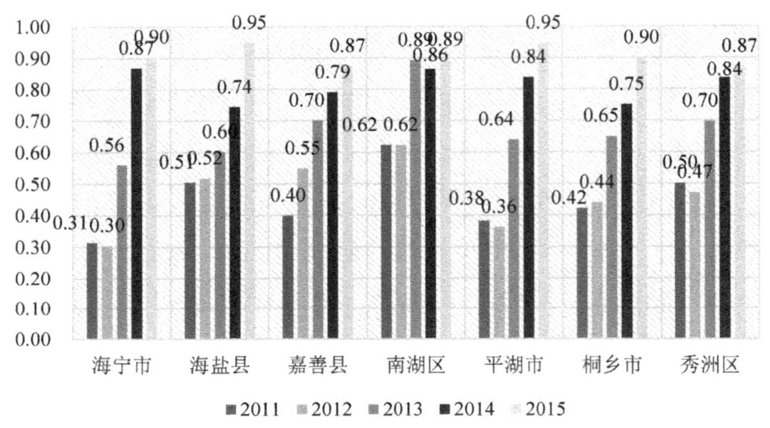

图 4-4 嘉兴市县域人才效能的纵向比较

二、嘉兴市县域人才工作系统相关性比较分析

(一) 县域人才投入与人才产出比较分析

在县域人才投入与人才产出的比较方面,通过对 7 个县(市、区)人才研发与投入、载体投入、公共服务投入、人才数量产出、人才质量产出等方面数据的指数化处理及聚类分析,结果发现,如图 4-5 所示,总体而言,各县域的人才投入与人才产出基本是线性相关的关系,即各县域的人才产出会随着人才投入的增长而增长。另外,各县域的人才产出指数大多低于各县域的人才投入指数。具体而言,南湖区的人才产出指数远高于南湖区的人才投入指数,说明南湖区的人才投入发挥了良好的效果;秀洲区的人才产出指数与人才投入指数基本持平,说明秀洲区的人才投入也发挥了较好的效

果；其余各县域的人才产出指数均低于人才投入指数，由此可见，在未来的人才工作中，除南湖区、秀洲区之外的其余各县域需要思考本县域人才投入的力度与结构。

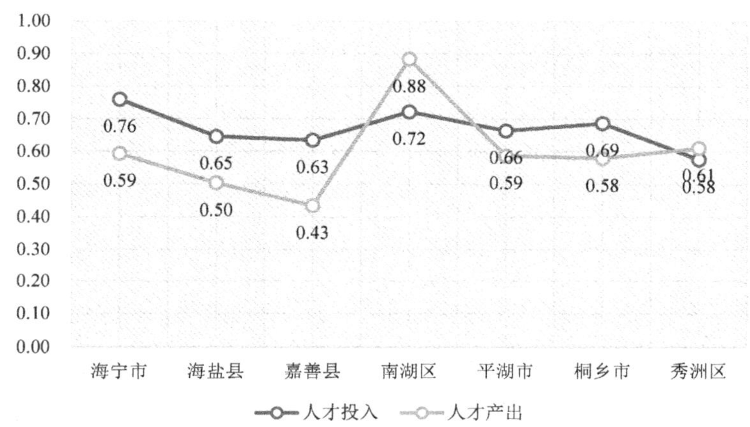

图4-5　嘉兴市县域人才投入与人才产出的比较分析

（二）县域人才投入与人才环境的比较分析

在县域人才投入与人才产出的比较方面，通过对7个县（市、区）人才研发与投入、载体投入、公共服务投入、人才人居生活环境、人才市场环境等方面数据的指数化处理及聚类分析，结果发现，如图4-6所示，总体而言，各县域的人才投入与人才环境基本是线性相关的关系，即各县域的人才环境会随着人才投入的增长而不断改善，毕竟，良好生态环境的营造需要资金投入。另外，各县域的人才投入指数大多低于各县域的人才环境指数，说明各县域的人才投入在当地人才生态环境的改善过程中发挥了重要的作用。

（三）县域人才投入与人才效能的比较分析

在县域人才投入与人才效能的比较方面，通过对7个县（市、区）人才研发与投入、载体投入、公共服务投入、人才经济效能、人才

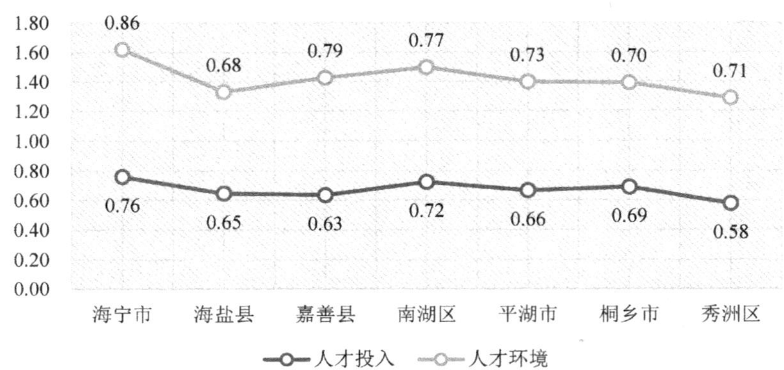

图 4－6 嘉兴市县域人才投入与人才环境的比较分析

科技效能、人才社会效能等方面数据的指数化处理及聚类分析，结果发现，如图 4－7 所示，总体而言，各县域的人才投入与人才效能基本是线性相关的关系，即各县域的人才产出会随着人才效能的增长而增长。另外，海宁市、海盐县、嘉善县的人才效能指数低于各县域的人才投入指数，说明海宁市、海盐县、嘉善县的人才投入转化为人才效能方面还具有一定提升空间；南湖区的人才效能指数远高于南湖区的人才投入指数，说明南湖区的人才投入发挥了良好的效果；平湖市、桐乡市、秀洲区的人才效能指数也比人才投入指数高，

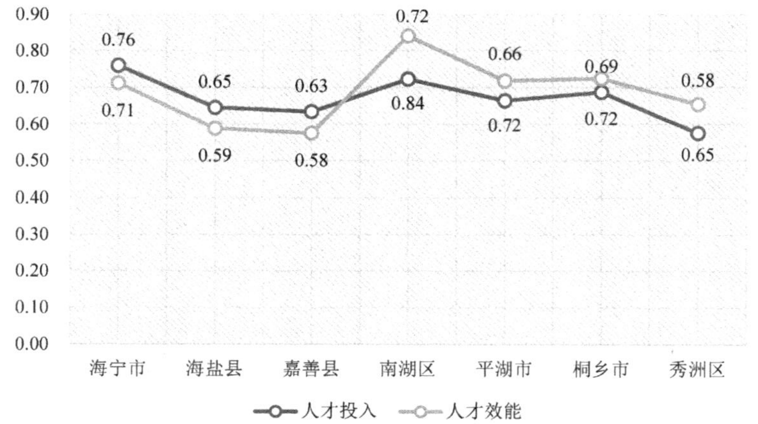

图 4－7 嘉兴市县域人才投入与人才效能的比较分析

说明平湖市、桐乡市、秀洲区的人才投入也发挥了较好的效果。在未来的人才工作中，海宁市、嘉善县、海盐县需要思考本县域人才投入的力度、结构。

（四）县域人才环境与人才产出的比较分析

在县域人才投入与人才效能的比较方面，通过对7个县（市、区）人才人居生活环境、人才市场环境、人才数量产出、人才质量产出等方面数据的指数化处理及聚类分析，结果发现，如图4-8所示，总体而言，各县域的人才环境与人才产出基本是线性相关的关系，即各县域的人才产出会随着人才环境的改善而增长。其中，海宁市、海盐县、嘉善县的人才产出指数低于各县域的人才环境指数，说明海宁市、海盐县、嘉善县良好的人才生态环境并未完全转化为人才产出效益；南湖区的人才产出指数远高于南湖区的人才环境指数，说明南湖区的人才环境在人才产出方面发挥了良好的效果；平湖市、桐乡市、秀洲区的人才环境指数也比人才产出指数高，说明平湖市、桐乡市、秀洲区的人才环境在人才产出方面也发挥了较好的效果。在未来的人才工作中，海宁市、嘉善县、海

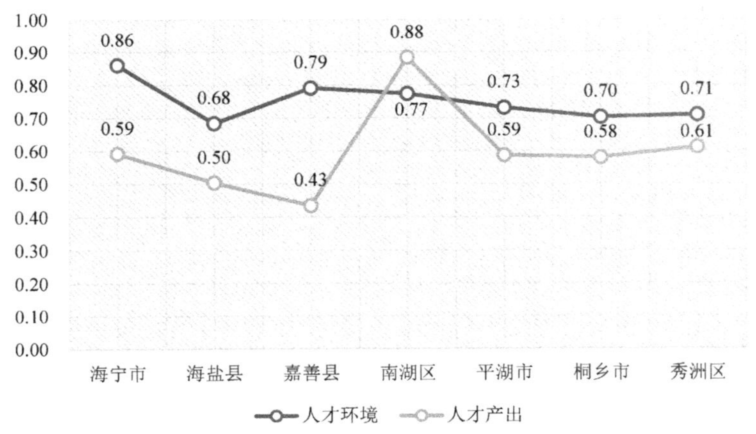

图4-8　嘉兴市县域人才环境与人才产出的比较分析

盐县需要思考本县域人才生态环境如何更好地转化为本县域的人才产出效益。

(五) 县域人才环境与人才效能的比较分析

在县域人才投入与人才效能的比较方面,通过对 7 个县(市、区)人才人居生活环境、人才市场环境、人才经济效能、人才科技效能、人才社会效能等方面数据的指数化处理及聚类分析,结果发现,如图 4-9 所示,总体而言,各县域的人才环境与人才效能基本是线性相关的关系,即各县域的人才效能会随着人才环境的改善而增长。各县域的人才效能指数均高于人才环境指数,说明各县域充分利于本地人才生态环境的优势转化为本地的人才经济效能、科技效能、社会效能。

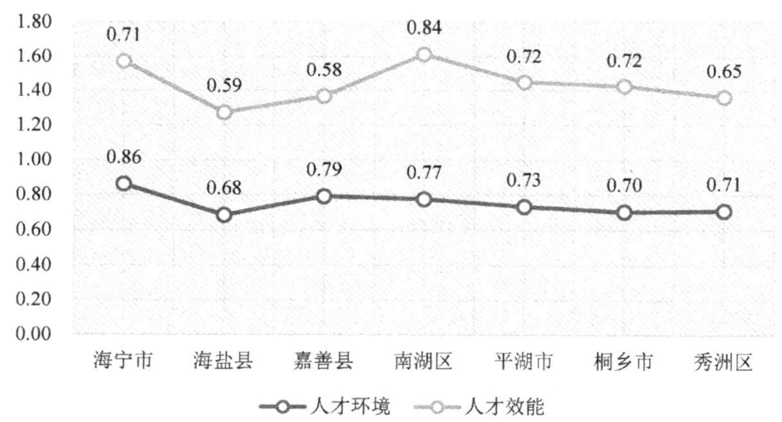

图 4-9 嘉兴市县域人才环境与人才效能的竞争力比较

(六) 县域公共服务投入与生活环境的比较分析

在县域公共服务投入与人居生活环境(客观)的比较方面,通过对 7 个县(市、区)人才一般财政预算中教育支出占 GDP 比重、一般财政预算中医疗卫生支出占 GDP 比重、一般财政预算中科技支出占 GDP 比重、全年空气质量优良天率(%)、水功能区达标率(%)、居民消费指数、每万人教育机构数、每万人医疗机构数、社会保险覆盖率(%)方面数据的指数化处理及聚类分析，结果发现，如图 4-10 所示，总体而言，各县域的公共服务投入与人才的人居生活环境基本是线性相关的关系，即各县域的人才人居生活环境会随着人才公共服务投入的增加而改善。其中，南湖区的公共服务投入指数远低于南湖区的人才人居生活环境指数，说明南湖区的公共服务投入效果更为良好，秀洲区的公共服务投入指数也低于人才人居生活环境指数，说明秀洲区的公共服务投入效果也较为良好；海宁市、海盐县、嘉善县、平湖市、桐乡市的公共服务投入指数高于人才人居生活环境指数，说明这些县域在公共服务投入的结构、力度方面有待调整。

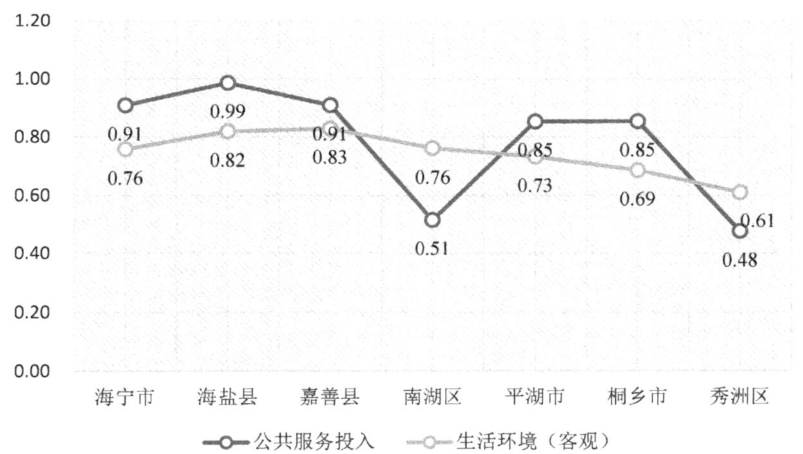

图 4-10　嘉兴市县域公共服务投入与环境(客观)的竞争力比较

在县域公共服务投入与人居生活环境(主观)的比较方面，通过对人才对本地自然环境、基础教育、交通便利性、医疗卫生水平、休闲娱乐设施、收入水平、物价水平等反映本地生活环境的 7 个方面主观评价平均分的指数化处理及聚类分析并对 7 个县(市、区)人才一般财政预算中教育支出占 GDP 比重、一般财政预算中医疗卫生支出占 GDP 比重、一般财政预算中科技支出占 GDP 比重等方面数据的指数化处理、聚类分析,结果发现,如图 4－11 所示,总体而言,除秀洲区和南湖区外,各县域的公共服务投入与人才对生活环境的主观评价基本是线性相关的关系,即各县域的人才对生活环境的满意度会随着人才公共服务投入的增加而提高。其中,除海宁市外,各县域人才对生活环境的满意度都明显高于该县域公共服务投入指数。这说明,各县域的公共服务投入都发挥了良好的效果。

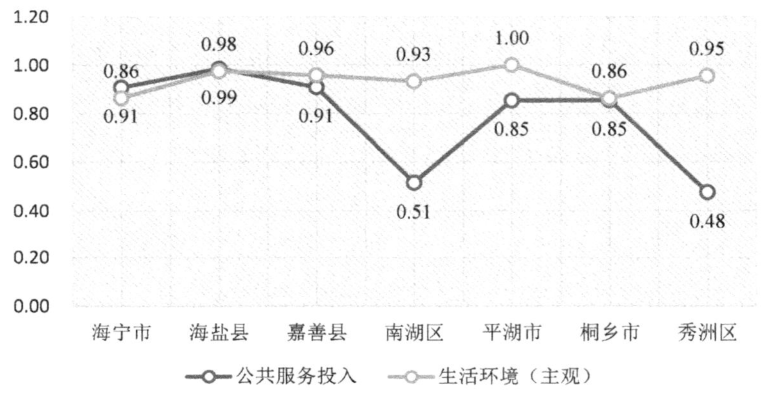

图 4－11　嘉兴市县域公共服务投入与生活环境(主观)的竞争力比较

(七) 县域载体投入与人才科技效能的比较分析

在各县域的载体投入与人才科技效能的比较方面,通过对 7 个县(市、区)省级以上高新技术园区数量、市级以上众创空间数量、市级以上众创空间场地面积占地区总面积比重(%)、市级以上科技孵化器数量、科技孵化器场地面积占地区总面积比重(%)、院士工作站数、博士后科研工作站(流动站)数、博士后工作驿站数数量、省级重点企业研究院数量、省、市企业研发中心数量、高新技术产业占规模以上工业产值比重(%)、万人发明专利申请数、万人发明专利授权量、获省部级及以上科技奖项数等方面数据的指数化处理及聚类分析,结果发现,如图 4－12 所示,总体而言,各县域的载体投入与人才的科技效能基本是线性相关的关系,即各县域的科技效能会随着人才载体投入的增加而改善。另外，各县域的载体投入指数远高于与人才的科技效能指数，说明各县域的载体、平台发挥了良好的效用，在人才科技效能方面做出了重要贡献。

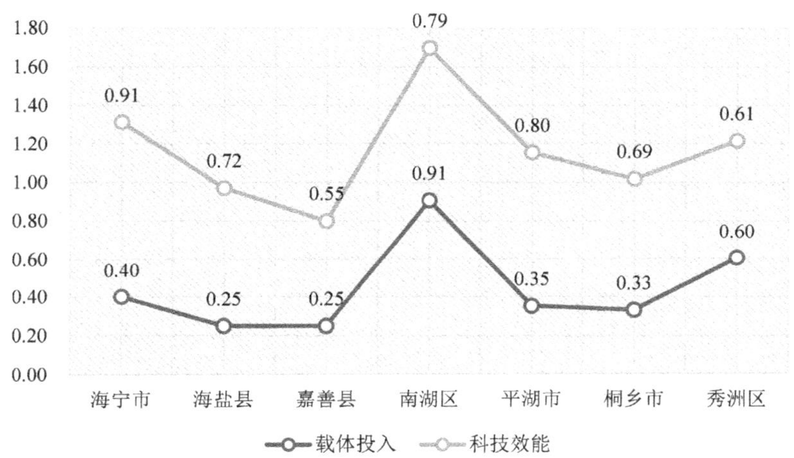

图 4－12　嘉兴市县域载体投入与科技效能的比较分析

三、嘉兴市县域人才工作综合比较分析

（一）县域人才环境的主客观比较

在县域人居生活环境的主客观比较方面，通过对人才对本地自然环境、基础教育、交通便利性、医疗卫生水平、休闲娱乐设施、收入水平、物价水平等反映本地生活环境的 7 个方面主观评价平均分的指数化处理及聚类分析并对 7 个县（市、区）全年空气质量优良天率（%）、水功能区达标率（%）、居民消费指数、每万人教育机构数、每万人医疗机构数、社会保险覆盖率（%）等方面数据的指数化处理、聚类分析，结果发现，如图 4－13 所示，总体而言，除秀洲区和平湖市外，各县域的生活环境客观指标与主观评价基本是线性相关的关系，说明各县域人才生活环境的客观指标基本能反映各县域人才对生活环境的真实感受，但是，秀洲区和平湖市

人才对生活环境的主观评价高于秀洲区和平湖市的生活环境指数，这说明，秀洲区和平湖市的生活环境已经初步完善，能够更好地满足人才发展的需求。

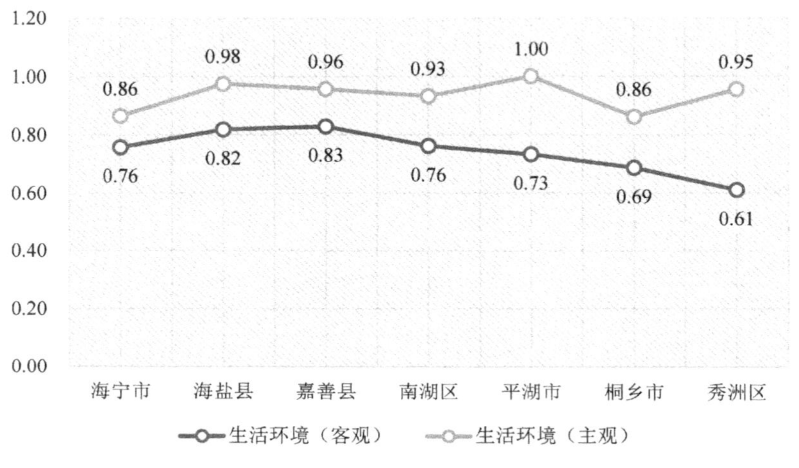

图 4 - 13　嘉兴市县域生活环境的主客观比较

在县域人才市场环境的主客观比较方面，通过对人才对本地人才中介机构服务、本地职业资格认定、人才市场发展水平、人才市场的法治环境、人才市场的监管状况、人才在不同地区/行业之间流动的便利性等反映本地人才市场环境的 6 个方面主观评价平均分的指数化处理及聚类分析并对 7 个县(市、区)在岗职工平均工资、研发人员平均工资、人才中介机构数、劳动争议案件申诉量、劳动争议案件立案数等方面数据的指数化处理、聚类分析，结果发现，如图 4 - 14 所示，总体而言，除海盐县、嘉善县、平湖市外，各县域的市场环境客观指标与主观评价基本是线性相关的关系，说明各县域的市场环境的客观指标基本能反映各县域人才对当地市场环境的真实感受，但是，海盐县、嘉善县、平湖市人才对生活环境的主观评价高于当地的市场环境指数，这说明，海盐县、嘉善县、平湖市的市场环境已经相对完善，能够为人才在人才市场活动中提供更加优质的服务。

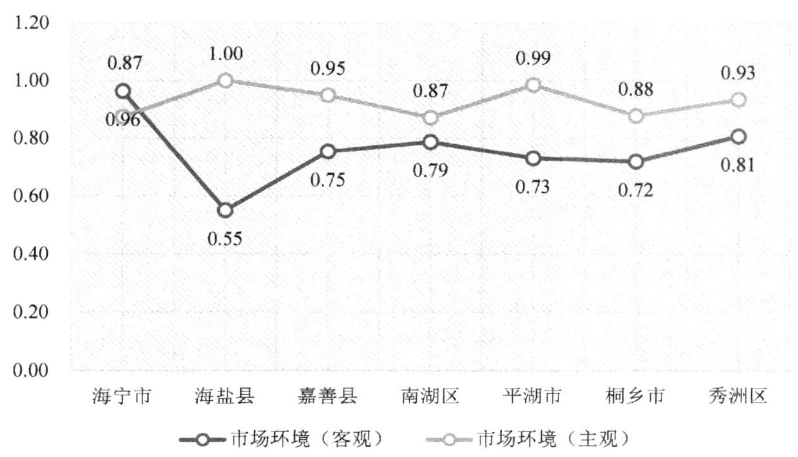

图 4－14 嘉兴市各县域市场环境的主客观比较

（二）县域人才投入的主客观比较

在县域人才投入的主客观比较方面，通过对人才对本地人才投入主观评价平均分的指数化处理及聚类分析并对 7 个县（市、区）研发与人才投入、公共服务投入、载体投入等方面数据的指数化处理、聚类分析，结果发现，如图 4－15 所示，总体而言，除海盐县、嘉善

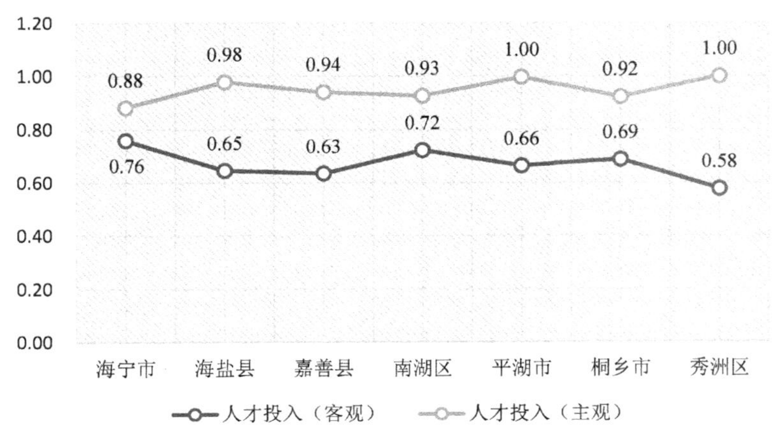

图 4－15 嘉兴市各县域人才投入的主客观比较

县、平湖市外,各县域的人才投入客观指标与主观评价基本是线性相关的关系,说明各县域的人才投入的客观指标基本能反映各县域人才对当地人才投入的主观感受,另外,各县域调研对象对人才投入的主观评价高于当地的人才投入指数,这说明各县域的人才投入均发挥非常好的效果。

在县域教育投入的主客观比较方面,通过对人才对当地中小学的资质及办学水平、当地重点中小学的分布状况、子女的入学机会及便利性等方面主观评价平均分的指数化处理及聚类分析并对 7 个县(市、区)一般财政预算中教育支出方面数据的指数化处理、聚类分析,结果发现,如图 4-16 所示,总体而言,除南湖区、秀洲区、嘉善县外,各县域的教育投入指数与调研对象关于教育服务的满意度基本是线性相关的关系,说明各县域的教育投入基本带来了当地教育服务水平的提升。另外,南湖区、秀洲区、嘉善县、平湖市的教育投入指数明显低于调研对象关于教育服务的满意度,说明南湖区、秀洲区、嘉善县、平湖市的教育投入带来了良好的教育服务效果;海宁市的教育投入指数高于调研对象的教育服务满意度,说明海宁市的教育投入力度、结构、方式可能存在

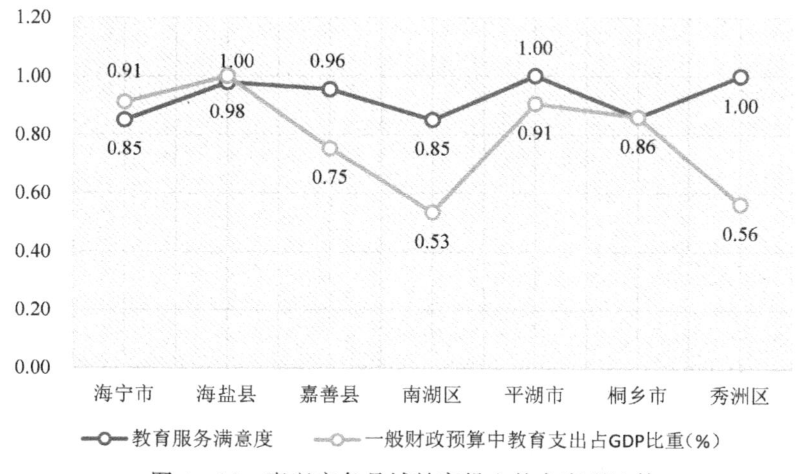

图 4-16 嘉兴市各县域教育投入的主客观比较

问题；桐乡市的教育投入指数与调研对象的教育服务满意度完全持平。

在县域研发投入的主客观比较方面，通过对人才对本地技术研发投入力度、技术研发平台建设、技术研发人才项目建设等方面主观评价平均分的指数化处理及聚类分析并对 7 个县(市、区)研发与一般财政预算中科技支出方面数据的指数化处理、聚类分析，结果发现，如图 4－17 所示，总体而言，调研对象对研发投入的满意度和政府的研发投入基本是线性相关的关系，具体而言，海宁市的研发投入指数略高于调研对象的研发投入满意度，说明海宁市的研发投入力度、结构、方式可能需要与当地人才发展需要进一步契合；南湖区、平湖市、桐乡市、秀洲区的研发投入满意度高于当地的研发投入指数，说明这些县域的研发投入发挥了良好的效果；海盐县、嘉善县的研发投入指数与调研对象的研发投入满意度完全持平。

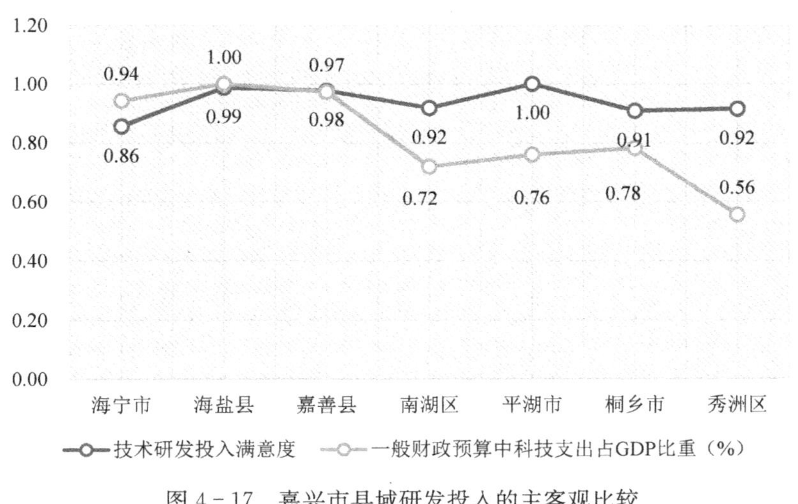

图 4－17　嘉兴市县域研发投入的主客观比较

在县域医疗投入竞争力的主客观比较方面，通过对人才对本地医疗机构的资质水平、医生的服务质量、医疗设备的配备程度等方面主观评价平均分的指数化处理及聚类分析并对 7 个县(市、区)研发与一般财政预算中医疗卫生支出方面数据的指数化处理、聚类分析,结果发现,如图 4-18 所示,总体而言,除南湖区、秀洲区外,各县域的医疗投入指数与调研对象关于医疗服务的满意度基本是线性相关的关系,说明各县域的医疗卫生投入基本带来了当地医疗卫生服务水平的提升。另外,南湖区、秀洲区的医疗投入指数明显低于调研对象关于医疗服务的满意度,说明南湖区、秀洲区的医疗投入带来了良好的医疗服务效果。

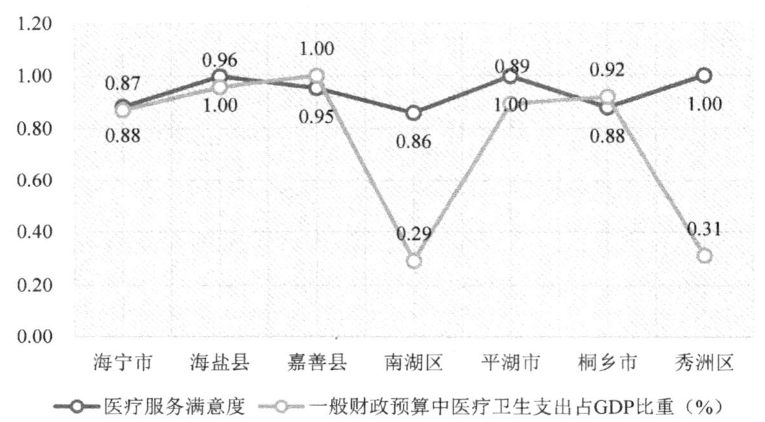

图 4-18 嘉兴市县域医疗投入的主客观比较

在县域载体投入的主客观比较方面,通过对人才对本地技术研发平台、人才交流和服务平台等方面主观评价平均分的指数化处理及聚类分析并对 7 个县(市、区)省级以上高新技术园区数量、市级以上众创空间数量、市级以上众创空间场地面积占地区总面积比重(%)、市级以上科技孵化器数量、科技孵化器场地面积占地区总面积比重(%)、院士工作站数、博士后科研工作站(流动站)数、博士后工作驿站数数量、省级重点企业研究院数量、省、市企业研发中心数量的指数化处理、聚类分析,结果发现,如图 4-19 所示,总体而言,除南湖区外,各县域的医疗投入指数与调研对象关于医疗服务的满意度基本是线性相关的关系。其中,南湖区的载体投入指数和调研对象关于载体平台建设满意度基本持平，除南湖区外，其他各县域在载体投入方面有待加强。

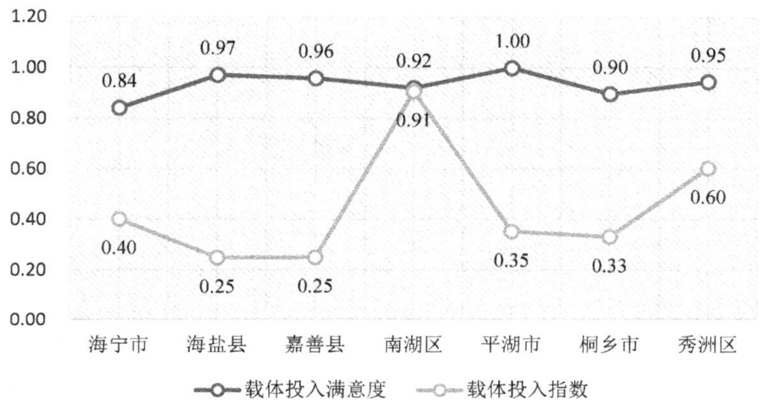

图 4-19　嘉兴市县域载体投入的主客观比较

第五章　嘉兴市县域人才工作存在的问题以及政策建议

为了更加准确地诊断目前嘉兴市各县域人才工作中存在的共性问题，明确嘉兴市各县域未来人才工作中的方向、重点，本部分基于IPO模型，从人才投入、人才产出、人才环境、人才效能四个方面，依托3个数据来源——7个县(市、区)在过去5年(“十二五”期间)的档案统计数据、关于7个县(市、区)人才生态环境的主观评价数据、关于7个县(市、区)的未来人才工作期望数据，基于对各个来源的数据的比较分析、工作系统相关性分析，进行系统总结、分析。

一、嘉兴市县域人才工作存在的问题

(一) 嘉兴市县域人才投入问题

人才投入的力度、结构、重点有失偏颇。

(1) 基于对2011年到2015年档案统计数据的分析，各县域在人才发展及竞争力提升过程中，发展不均衡，表现出重人才专项投入、重研发平台建设、重公共服务等三种方式，但是却很少有三方面投入均衡协调发展的县域，如南湖区的研发平台建设取得了比较理想的效果，但是南湖区的公共服务方面的人才工作确实有待加强；海宁市和嘉善县在人才专项投入方面取得了比较理想的效果，但是在研发平台建设方面的人才工作确实有待加强；海宁市、海盐县、桐乡市、平湖则更倾向于公共服务方面的投入，对载体投入、人才专项投入方面略显不足。与此同时，基于客观数据的分析发现加大对研发导向的人才发展平台建设可能会产生更为明显的经济效益、科技效益和社会效益。

（2）基于7个县（市、区）调研对象的主观评价结果，调研对象对人才的技术研发投入、技术研发平台建设、人才工程的公开程度、人才工程的管理状况等几个方面的满意度普遍偏低；另外，在主客观数据的对比分析中，海宁市、桐乡市、南湖区的技术研发投入在客观数据的分析中都处于优势地位，但当地的调研对象对这些县域技术研发投入方面的满意度并不高；海宁市、桐乡市在关于人才专项投入的客观评价中处于优势地位，却在关于人才专项投入主观评价中处于劣势地位，这就说明海宁市、桐乡市的人才专项投入可能在人才专项投入的方式、人才专项投入的监管、人才专项投入的评价机制等方面存在问题。

（3）"人才投入"这一关键问题在对调研对象的"您所认为的当地人才工作及服务中存在的一些问题"调查中重复出现了23次，且中心度为35.48，由此可见，在人才政策及服务方面，人才投入是人才非常关心的话题。因此，各县域在未来的人才工作中要着重解决人才投入的力度、结构问题。

（二）嘉兴市县域人才产出问题

各县域不同层次人才发展比重失衡，一般性技术工人比较缺乏。

（1）根据7个县（市、区）在2011年到2015年的档案统计数据分析结果显示，一是高层次人才和一般性专业技术人才、高技能人才的分布比重失衡。各县域在人才发展及竞争力提升过程中，重视高端人才发展，比如"国千"人才、"省千"人才的发展，却在一般性的专业技术人才、高技能人才的引进和培养方面重视不够。调研显示，除南湖区外，各个县域的专业技术人才都比较匮乏；除南湖区、平湖市、海盐县外,各个县域在高技能人才方面都比较缺乏。二是企业经营管理人才和专业技术人才、高技能人才的分布比重失衡。除南湖区外,各个县域在这方面都存在比较严重的问题,尤其是平湖市、秀洲区、海宁市大力引进企业尤其是高端企业、龙头企业,从而引进大部分企业经营管理人才和高层次创新创业人才,但是缺乏与之配套的专业技术人才基础和高技能人才基础,很难实现当地经济社会的持续快速发展和产业结构的优化、升级。另外,南湖区之所以具有较为明显的科技效益、经济效益和社会效益,也可能与其具有与人才研发平台、企业经营管理人才尤其是高层次企业经营管理人才配套的人才基础有关。

(2) 基于对 7 个县(市、区)调研对象的主观评价结果分析发现,调研对象对人才的技术研发投入、技术研发平台建设等几个方面的满意度普遍偏低;另外,尽管调研对象对重点人才工程的满意度较高,但是其对专项人才投入的满意度却偏低,这一定程度上反映调研对象对针对一般性技术人才的专项人才政策的期望。

(3)"技术人才政策"这一关键问题在对调研对象的"您所认为的当地人才工作及服务中存在的一些问题"调查中重复出现了 24 次,且中心度为 29.03;"研发投入"这一关键问题在对调研对象的"您所认为的当地人才工作及服务中存在的一些问题"调查中是重复出现了 11 次,且中心度为 12.90。因此,嘉兴市各县域在未来人才发展中不能仅仅重视高层次人才的引领作用,更要夯实一般性专业技术人才和高技能人才的基础。

(三) 嘉兴市县域人才环境问题

1. 研发人员的分配制度问题

(1) 据 7 个县(市、区)在 2011 年到 2015 年的档案统计数据分析结果显示,收入水平也成为影响当地研发产出的重要瓶颈。海盐县、嘉善县重视研发人员的薪酬待遇,这可以部分解释虽然目前海盐县、嘉善县虽然专业技术人才、高技能人才相对缺乏，但是，这两个县从事研发活动人员数和每万人从业人员中研发人员数却相对较多的现象，由此可见，收入水平已然成为影响研发人员工作产出的重要因素。但是，由于海盐县、嘉善县缺乏适合研发人员发展的诸如院士工作站、企业研发中心、市级众创空间、科技孵化器等平台，因此，这两个县域的经济效能、科技效能、社会效能并不明显。

(2) 基于7个县(市、区)调研对象的主观评价结果发现，调研对象对本地的收入水平、物价水平的满意度比其他方面的满意度低，因此，人才生活环境中的收入水平、物价水平等方面问题应该得到相关部门的重视。

(3) “收入水平”这一关键问题在对调研对象的“您所认为的当地人才工作及服务中存在的一些问题”调查中重复出现了90次，且中心度为70.97;“物价水平”这一关键问题在对调研对象的“您所认为的当地人才工作及服务中存在的一些问题”调查中重复出现了19次，且中心度为25.81。因此，嘉兴市各县域一般性专业技术人才和高技能人才的分配制度需要提上议程。

2. 人才的社会保障服务问题

(1) 据7个县(市、区)在2011年到2015年的档案统计数据分析结果显示，海宁市、海盐县、桐乡市、平湖市重视本地的公共服务投入，但是其他县(市、区)在本地公共服务投入方面缺乏应有的重视，尤其是南湖区的公共服务投入，甚至出现年增长率为负增长的趋势，值得相关部门引起充分的重视。

(2) 基于7个县(市、区)调研对象的主观评价结果，在人才社会服务环境的重点问题关注方面，来自7个县(市、区)的调研对象对医疗保健、住房保障、教育服务、户籍政策服务等各个方面的满意度普遍偏低，因此，人才服务环境中医疗保健、住房保障、教育服务、户籍政策服务等方面的问题应该得到相关人才部门的重视。

(3) “住房保障”这一关键问题在对调研对象的“您所认为的当

地人才工作及服务中存在的一些问题”调查中重复出现次数最多，重复出现了188次，且中心度为77.42；“子女教育”这一关键问题在对调研对象的“您所认为的当地人才工作及服务中存在的一些问题”调查中重复出现了100次，且中心度为77.42；“医疗保障”这一关键问题在对调研对象的“您所认为的当地人才工作及服务中存在的一些问题”调查中重复出现了53次，且中心度为48.39。因此，嘉兴市各县域的住房保障服务、子女教育服务、医疗保障服务需要引起相关管理部门的重视。

(4) 具体而言，社会保障服务问题可能主要包括：住房保障问题、子女教育问题、医疗服务问题。关于住房保障问题，主要包括当前人才公寓的质量无法满足高端人才对居住环境质量的要求；人才公寓的数量无法满足一般性技术工人的入住需求。关于子女教育问题，主要包括人才子女进入重点中学的准入机会少、重点中学条件门槛高、交通不便等问题及部分高层次人才对国际化教育资源的需求问题。在医疗服务方面，主要包括高端医疗保健服务、医院服务水平等方面的问题。

(四) 嘉兴市县域人才效能问题

研发导向的人才发展平台建设问题。

(1) 据7个县(市、区)在2011年到2015年的档案统计数据分析结果显示，南湖区采取重研发投入和载体平台建设的人才投入模式，在通过对数据的进一步分析发现，南湖区从事研发工作人才(如从事研发活动人员数、每万从业人员中研发人员数)少，这就说明南湖区相对较高的研发投入主要用于当地的院士工作站、企业研发中心、市级众创空间、科技孵化器等载体平台建设，于是，南湖区在载体投入和载体建设方面也占据优势，在结果导向方面，南湖区在经济效能、科技效能、社会效能方面都占据优势地位。海宁市的人才投入模式为人才专项投入模式，海宁市的人才专项投入模式会带来海宁市在科技效能和社会效能的显著提升，却很难带来海宁市经济效能的提升；尽管秀洲区的研发投入也很高，但是秀洲区的研发投入可能由于主要用于研发人员发展或者科技服务机构建设，仅仅在经济效能方面显著提升，并未完全转化为科技效能和社会效能，因此，课题组推断，各县域只有加强研发投入和载体投入，推动当地的院士工作站、企业研发中心、市级众创空间、科技孵化器等载体平台建设，才能促进本地经济效能、科技效能、社会效能地全面提升。

(2) 基于7个县(市、区)调研对象的主观评价结果分析发现，在人才政策环境的重点问题关注方面，来自7个县(市、区)的调研对象对人才的技术研发投入、技术研发平台建设等几个方面的满意度普遍偏低，因此，技术研发投入、技术研发平台建设应该得到相关部门的重视。

(3) “人才平台”这一关键问题在对调研对象的“您所认为的当地人才工作及服务中存在的一些问题”调查中重复出现了188次，且中心度为67.74。因此，研发导向的人才平台建设是嘉兴市7个县(市、区)未来的重点人才工作。

二、嘉兴市未来县域人才工作的政策建议

本书基于嘉兴市7个县(市、区)人才发展及竞争力提升的需求，从人才投入、人才产出、人才环境、人才效能等四个方面思考嘉兴市未来县域人才工作的方向、重点。基于县域人才投入方面及县域人才产出方面存在的问题，课题组从产业导向的技能人才培训机制、社会化的专业技术人才评价机制两个方面对未来各县域的人才工作提供了政策建议；基于县域人才环境方面存在的问题，从市场导向的科创人才激励机制、差异化/无缝隙的安居环境、国际化/层次性的教育医疗服务对未来各县域的人才工作提供了政策建议；基于县域人才效能方面存在的问题，从区域内人才一体化开发、产业

人才集聚平台等两个方面对未来各县域的人才工作提供了政策建议。

(一) 产业导向的技能人才培训机制

围绕区域重点产业发展,开展工程师知识更新工作。积极实施重点产业、关键领域工程师的知识更新培训工程,以重点产业、关键领域的工程师、技术员为主要对象,大规模开展知识更新继续教育;以行业、企业为主体,以政府补贴为手段,以工程师评审制度改革为动力,深入推行高师带徒等工作,激励更多技术工人参与培训;围绕本地产业转型升级的重点和人才需求,建设若干与产业相匹配、优质资源共享的现代化高技能实训基地,构建现代化职业教育培训网络。加强政府对职业技能培训机构的投入和监管,甚至探索“政府购买培训成果”的机制,推进技能职业培训市场化,另外,企业或培训机构等每成功培养一名国际认证的本地高技能人才,给予相应的资金奖励。试点开展企业新型学徒制,在本地先进制造业、高新技术产业、公共服务业等领域,试点开展推行以“招工即招生、入企即入校、企业双师联合培养”为主要内容的企业新型学徒制,探索青年高技能人才培养新模式,在培养过程中,以“1+X”(1名师傅+X名徒弟)模式进行。每年有计划地开展职业技能竞赛、技能比武活动,通过开展全市性、区域性、行业性职工技能大赛,提高技能人才的业务水平。推进产教融合、校企合作的技术技能人才培养模式,以“工学结合”、“产教融合”为导向,通过“校中厂”、“厂中校”的构建,加强学院与企业的合作,教学与生产的结合,形成校企双方互相支持、互相渗透、优势互补、资源互用、利益共享的局面。

(二) 社会化的专业技术人才评价机制

人才“以用为本”过程中,人才绩效评价是关键环节之一,对人才绩效评价信息的掌握能够确保引才资金的有效使用,并有助于采用反馈控制原理调整人才下一阶段的使用计划。嘉兴市各县域未来人才发展过程中，人才评价机制是引进、使用专业技术人才的关键，因此，需要坚持创新驱动导向，充分考虑国内外人才市场需求，构建社会化的专业技术人才评价机制。

社会化的专业技术人才评价机制。构建社会化的专业技术人才评价机制，需要培育社会化的评价机构或评价平台。社会化的评价机构需要满足客观、公正，不以营利为目的，具有法人资格，承担法律责任，在行业内具有权威性，专家组的构成具有随机性和流动性等方面的特征。另外，政府部门需要与社会评价机构保持良好、有效地互动，建设包含大量专家在内的人才信息库，确保人才评价中主体中包含一批资深、公正的评审专家。构建社会化的专业技术人才评价机制，针对不同层次的人才采取不同的专业技术人才改革策略，针对高层次的创业人才，发挥创业投资机构及风险投资家的作用，如政府的一些人才投资项目由创业投资机构依据风险投资的评价标准进行评价，或者将风险投资家、天使投资人、行业专家等吸纳为评审专家；针对一般性的专业技术人才，需要打破专业技术职称的终身制，构建社会评价—政府引导—市场竞争三者联动的专业技术人才评价机制，并倡导科学设岗、平等竞争、科学考核、合同管理、以岗定薪。

（三）市场导向的科创人才激励机制

创新驱动发展的时代背景下，嘉兴市各县域在产业发展过程中对人才的激励需更加注重其科技产出和市场效果。一是促进人才的科技成果转化，结合《关于深化人才发展体制机制改革的意见》、上海市“人才新政 20 条”、浙江省“人才新政”等文件，积极与国际接轨，放宽管制，并鼓励科技中介机构为人才科技创新成果转化提供检验检测认证、技术交易、技术评价等科技服务，促进人才科技成果的转化，保证人才通过科技成果转化的收益。二是完善收入分配改革，对体制内中高层次聘任制人才试行协议工资制度；鼓励各类企业通过股权、期权、分红等激励方式激励科研人员科技创新。三是鼓励人才凭借技术入股、创业，支持科技中介机构为技术创业人员、技术入股人员提供技术交易、技术评价等科技服务；推进知识产权的质押、无形资产质押融资服务，鼓励金融机构、创投机构、担保机构等对人才技术创业、技术入股的资金支持。四是鼓励体制内人才离岗创新创业，支持和鼓励体制内科技人才向创新创业一线流动，创新创业期间保留其原有身份和待遇；鼓励体制内人才到企业兼职，可获得相应的个人收入或股份。

（四）建立差异化、无缝隙的安居环境

采取差异化的人才住房建设策略。在人才公寓建设方面，制定完善政府与用人单位共同分担，以购（租）房货币化补贴、人才公寓租赁为主要方式的人才住房优惠政策，推动人才集聚区周边人才公寓的建设。关于人才公寓差异化的建设策略，主要通过采取 4 种模式予以体现：一是“政府主导”模式，即政府出资建设和运营人才公寓，主要用于区域内机关、企事业单位的人才以及需要扶持的企业中的各类引进人才；二是“园区主导”模式，由园区投资自建，主要用于园区内企业引进的人才，此类模式主要通过鼓励人才集聚的企业和产业园区利用自有用地建设单位租赁房，采用划拨方式供地，并允许其适当地突破面积的限制。三是“国企主导”模式，即国企出资建设和运营人才公寓，主要用于符合区域发展方向的企业中的人才和部分市场人才。四是“企业主导”模式，主要是指高科技企业尝试在自有用地上建设倒班房用于人才租住，此时，相关管理部门对人才公寓的开发单位，在规划土地办理手续上实行“绿色通道”。

采取差异化的人才租/购房策略。在人才公寓的分配方面，按照“高端优先、服务项目、保障急需”的原则，采取面向招商部门分配的方式，由招商部门综合人才所属的层次、专业成就、所拥有的知识

产权、企业的科技含量、企业所属产业方向、企业纳税情况等因素，制定打分标准，根据房源情况，实行排序分配。对高端人才，结合其反馈的需求可提供租赁型人才公寓，也可提供产权型人才公寓；对于来嘉兴市自主创业的各类人才，除享受入住人才公寓政策外，其创业项目属创新型、成长性，且实际投资额和缴纳税金达到一定金额的人才，发放不同金额的"购房券"，用于购买自有住房；对一般类型的人才，主要提供租赁型人才公寓。

采取无缝隙的人才住房保障策略。扩大人才公寓的覆盖面，增加人才公寓分配层次的同时，降低人才公寓申请的准入限制（尤其是在学历层次方面），改善人才公寓申请过程中的评价标准，加入所属产业的紧缺状况、技术水平是否符合当前产业发展需求等要素，扩大人才公寓的覆盖面。扩大公寓覆盖面的方式主要通过人才公寓运行模式的多元化实现。鉴于当前嘉兴市各县域人才市场对人才公寓的迫切需求，可尝试以"集中型"、"分散型"两种形式公寓相结合的人才公寓建设模式。嘉兴市各县域可尝试以"分散型"公寓解决企业迫切的居住需求，待时机成熟后，逐步过渡到以"集中型"公寓为主、"分散型"公寓为辅的人才公寓运行模式。除此之外，嘉兴市各县域可参照小米公寓等新式概念公寓、结合"双创特区"建设，采取多种形式，打造中心商务区特色"创客公寓"。另外，针对不同类型的人才公寓均制定管理办法，开通租赁服务平台，在保洁、家政、咨询、餐饮、交通等方面建立相应的配套设施；加强高端人才聚居区及人才公寓周边的交通、商业、教育、卫生、文化等基础设施配套建设，完善城区服务功能。

（五）设计国际化、多层次的教育医疗服务

在人才的教育资源供给方面，嘉兴市各县域同样可以设计差异化的人才子女教育服务。嘉兴市各县域根据认定的不同层次人才采取不同的教育服务政策：对于国家级高层次人才，可提供其子女

在义务教育阶段和高中阶段在全县(市、区)范围内选择申请就读学校的服务;对于省级高层次的人才,可提供其子女在义务教育阶段可在全县(市、区)范围内选择申请就读学校的服务;对于一般技术研发人才,可提供其子女在义务教育阶段可享受嘉兴市户籍学生待遇,按就近入学、个人意愿和学校生源实际情况进行服务供给。此外,嘉兴市各县域可推进中小学国际合作办学和国际学校建设,即引进国内外名校或知名教育机构来嘉兴合作办学,创办和打造一批优质中小学校;加大国际学校建设力度,试点普通中小学特别是外国语学校、民办学校开设专门招收外籍人员子女的国际部;增设高层次人才公寓直达本市重点中学、三甲医院、产业园区的班车线路。

在人才的医疗服务方面,嘉兴市各县域可根据认定的国家级高层次人才、省级高层次人才分别提供一级保健待遇和二级保健待遇。在县(市、区)属医疗卫生单位建立高层次人才就医保健绿色通道,设置县/市/区人民医院高层次人才诊疗中心、县/市/区中医院人才治病中心和县/市/区中心医院名医诊疗中心,为高层次人才及其直系亲属提供诊疗、保健服务。每年为每位高层次人才购买高额度的健康保险,免费提供一次高端体检服务及康复理疗服务。针对高层次人才集聚的高级人才公寓建设健康服务平台,探索成立"家庭医生+便捷医疗"的服务新模式。同时,在嘉兴市三甲医院特需门诊为外籍人才提供预约诊疗和外语服务;依托市里,探索搭建面向海外高层次人才的国际商业医疗保险信息统一发布平台;依托市里,鼓励符合条件的医院、诊疗中心与国内外保险公司合作,加入国际医疗保险直付网络系统。

(六)建设区域内人才一体化开发

政府层面推动和协调区域内人才资源的开发。县域层面,在嘉兴市 7 个县(市、区)之间建立党委领导、人才部门牵头的政府部门联合组织——嘉兴市人才交流配置中心,通过"人才处长年度联席会议”或“跨区域人才联盟”，协商嘉兴市范围内人才联合开发的服务合作事项和跨区域协调事项，研究解决县域间人才开发政策的协作与对接问题，商讨研究人才资源共享与服务的制度规定，研究区域人才开发一体化的整体推进规划，力求优势互补，错位竞争，尽快形成各具特色的区域人才分工和合作的新格局。

市场层面推动人才配置中心的服务网络建设。市级层面，建立健全跨界的人才市场中介服务机构作为区域人才资源配置的服务网络。县域层面，发挥秀洲区人力资源产业园的优势，相关人才部门引导秀洲区人力资源产业园在各县域派驻分支机构或者派驻人力资源服务企业，通过对县域人力资源产业派驻机构或派驻人力资源服务企业的章程标准和服务流程的统一管理，建立不同县域内人才资源流动的良好市场环境。

社会层面以人才的联动共享机制推动区域内人才资源的开发。尝试在嘉兴市内部建立服务各县域的“嘉兴市紧缺人才交流、培训中心”，建立一个跨地区、跨行业、连锁经营的紧缺人才股份制培训集团，建立总服务中心(嘉兴)—二级服务中心(县域)—三级服务中心(各龙头企业)的三级网络，实施区域内人才资格“一证通”，实现人才的跨县域流动。尝试在异地设立“XX县(市、区)联合服务中心”，结合本地及其他地区产业发展对人才需求的差异及人才紧缺程度的差异，本着产业联动发展、人才共同开发的原则，开展紧缺人才在区域内错位交流、柔性交流(如“周末工程师”等)，跨区域引进、输送及联合培养各类紧缺人才。

区域人才一体化开发的具体服务项目。在具体的活动方面，开拓区域性人才大市场，如召开大型招聘会促进人才的跨区域合理流动。在具体的平台建设方面，建设嘉兴市域内人才信息共享平台，进行人才供需信息联网，统一发布异地人才需求、就业信息，构筑统一的人才信息共享平台，共办网络人才市场，形成区域统一的多级人才市场信息。在具体的跨区域人事流动管理方面，在嘉兴市范围内建立跨县(市、区)统一人事代理制度,跨区人事部门可签订统一的跨区人事代理协议;建立以“一证通”为主要形式的嘉兴市范围内各县(市、区)的职业资格、职称资格互认制度;建立跨区域信用体系建设,在嘉兴市范围内探索建设人才联合征信系统和企业联合征信系统,联合建设区域征信数据库为主要形式的跨区域人才信用体系;完善人才在嘉兴各县(市、区)流动过程中养老保险、社保基金的转移接续服务。

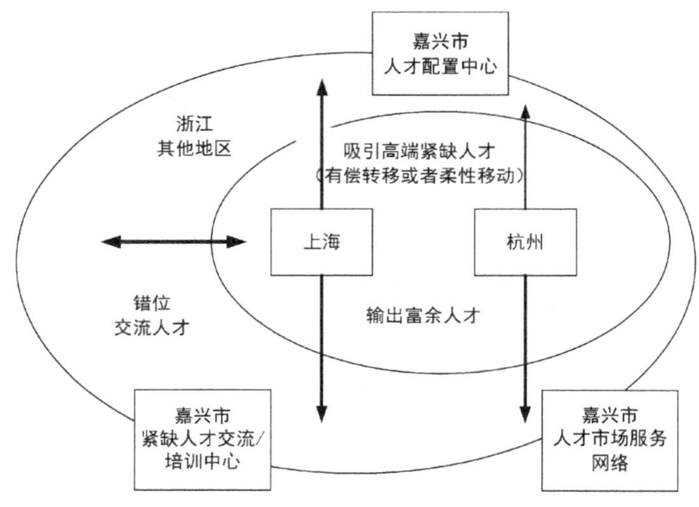

图 5-1　嘉兴市区域人才开发的一体化战略

(七)打造产业—人才集聚平台

产业集聚战略,主要是指人才向产业或产业集群集聚的导向战略。产业集群作为促进区域经济发展的重要方式,在区域经济发展中的作用日益凸显。相关研究也表明,产业集群必定伴随人才的集聚,同时,产业集群的形成和发展离不开人才的集聚。在人才向产业集聚的过程中需要人才与产业的信息互动平台、人才与产业/技术融合的平台——产学研战略联盟、集聚人才孵化产业的载体——孵化器。

建立产业与人才的信息互动平台。在人才向产业集聚过程中，信息是首要的，因此，建立互动信息平台是特别重要的环节。在互动信息平台的筹建方面，由人事部门牵头、专业机构运营，建立发布产业结构和人才结构的动态、静态基础信息的平台。在信息平台的运营方面，结合嘉兴市产业发展的需求，此信息平台主要包括：产业领域数据库——本地现有产业变动状况及对人才需求的状况、新兴产业对人才的需求状况；产业人才数据库——各类产业人才（包含经营管理人才、专业技术人才、高技能人才、专业咨询服务人才等）的数据库；闲置产业人才数据库；新型产业人才数据库等。在信息平台的管理方面，当地人才部门应联合工信部门等协调硬件、软件的开发，并通过实现组织部、人力资源与社会保障局、发改委、工信局与信息平台的有效互动，保持产业信息、人才信息的动态更新，为人才的流动、企业的招聘提供准确的信息，促进人才向本地产业有效集聚。

建立新型产学研战略联盟。为使嘉兴市各县域人才竞争力转化为嘉兴市各县域的产业竞争力，需以产学研为平台，吸引人才集聚，实现技术创新，孵化创新企业，进而孕育创新创业人才，在目前嘉兴市各县域的发展阶段中，建立以工业为载体的战略联盟最为恰当。以本地的产业技术研究院为依托，倡导本市各县域龙头企业与各大高校、科研院所结盟，实现优势互补，以战略联盟的形式，共同组建博士后流动站、院士工作站、大学生创新实践基地、企业工程研究中心、工程实验室、工程技术研究中心、企业技术中心等重要平台，并配套形成完整的技术链、人才链、资金链、政策链和服务链。在人才体制机制改革的大背景下，在嘉兴市及各县域对已经成立的和未来将成立的这些产学研联盟中配套建立绩效优先、鼓励创新、竞争合作、流动开放的机制，通过健全以技术成果为导向的评价体系和管理机制，完善技术创业入股、技术市场定价、技术成果转化收益规定等方面管理工作，引导科技资源向竞争力强、创新贡献大的产学研战略联盟集聚。

提升创新创业孵化器的承载和服务水平。进一步建设人才向产业集聚的重要载体——创新创业服务器。嘉兴市各县域大力扩容创新创业孵化器,加大本市各县域工业园区、市级老工业基地向孵化器、加速器转化、升级,提高建筑容积率,扩大创新创业载体容量,实现创新创业孵化器的高标准、低成本建设。深化孵化器管理体制机制改革,鼓励领军人才企业、创业投资机构等社会力量参与众创空间建设,吸引国际孵化器入驻嘉兴,推进事业单位孵化器改革,鼓励国有孵化器引入专业团队运营。配套入驻孵化器的产业人才服务,推行积极的人才入驻孵化器政策,建立财政专项资金,对创新创业人才的办公租房提供减免补贴;对技术型人才、创业大学生提供创业用房一定面积内、一定年限内免租服务;对于与本市重点产业相关的特定孵化项目或产业化项目提供更大力度的优惠政策。深化孵化器内创新创业一站式服务,打破创业服务的部门分割、条块分割,整合各个部门的创业服务职能和资源,建立“一站式”服务机制,提供全方位的创新创业服务。

附件　嘉兴市人才强市暨县域人才发展与竞争力评估调查问卷

人才代表填写

指　导　语

尊敬的各位人才代表：

您好！

为了更好地服务于各类人才，打造嘉兴市的人才高地，我们真诚地邀请您对目前所在的嘉兴市相应区县人才发展的生态环境进行综合评价，以进一步优化区县相关人才政策。此调查采用匿名方式进行，问题的答案没有正确与错误之分，请您根据您的实际情况和真实感受填写每一个题目。如您收到的是纸质版问卷，请您填写完毕后密封转交到指定的回收地址。您所提供的任何信息，我们都将严格保密，并会在汇总后由上海交通大学进行独立分析。

我们对您给予此次调研的大力支持表示真挚的感谢！

嘉兴市委组织部

上海交通大学

2016 年 8 月

调研正式开始:

请您根据每部分题目前的指导语提示,回答如下问题:

第一部分 基本信息

请在横线上填写或方框内选择有关您个人的基本信息,以便于进行独立第三方客观、翔实的分析

1. 性别:□男 □女;

2. 年龄:____岁;

3. 您的最后学历(如有可能,请分别提供国内和国外的最后学历)

- 国内:□大专及以下 □本科 □硕士 □博士
- 海外:□大专及以下 □本科 □硕士 □博士 □无海外学历教育经历

4. 您在本地工作或发展已累计有(以月计算):____月;在本单位工作已累计有(以月计算):____月;您在本岗位工作已累计有(以月计算):____月

第二部分 总体感受和评价

请根据以下语句提示,结合您在本地工作与生活的实际感受,选出最能代表您意见的选项

(5—非常满意,4—满意,3—无意见,2—不满意,1—非常不满意)

1. 自然环境(饮用水、空气、绿化等)质量 □5 □4 □3 □2 □1
2. 基础教育 □5 □4 □3 □2 □1
3. 交通便利性 □5 □4 □3 □2 □1
4. 医疗卫生水平 □5 □4 □3 □2 □1
5. 休闲娱乐设施 □5 □4 □3 □2 □1
6. 工资水平 □5 □4 □3 □2 □1
7. 物价水平 □5 □4 □3 □2 □1

8. 人才中介机构服务 □5 □4 □3 □2 □1
9. 本地职业资格认定 □5 □4 □3 □2 □1
10. 人才市场发展水平 □5 □4 □3 □2 □1
11. 人才市场的法治环境 □5 □4 □3 □2 □1
12. 人才市场的监管状况 □5 □4 □3 □2 □1
13. 人才在不同地区、行业之间流动的便利性 □5 □4 □3 □2 □1
14. 投资的配套政策及服务 □5 □4 □3 □2 □1
15. 本地融资的渠道及种类 □5 □4 □3 □2 □1
16. 风投(VC)的可获得性 □5 □4 □3 □2 □1
17. 商业性金融机构的服务状况 □5 □4 □3 □2 □1
18. 本地创新创业氛围 □5 □4 □3 □2 □1
19. 本地对知识和人才重视程度 □5 □4 □3 □2 □1
20. 公众具有开放、包容的心态 □5 □4 □3 □2 □1
21. 公众普遍具有竞争意识 □5 □4 □3 □2 □1
22. 人才投入度 □5 □4 □3 □2 □1
23. 技术研发投入 □5 □4 □3 □2 □1
24. 专项人才政策 □5 □4 □3 □2 □1
25. 重点人才工程 □5 □4 □3 □2 □1
26. 人才技术研发平台建设(院士工作站、工程技术中心等) □5 □4 □3 □2 □1
27. 人才交流和服务平台 □5 □4 □3 □2 □1
28. 人才工程的公开评审状况 □5 □4 □3 □2 □1
29. 人才工程推进及管理 □5 □4 □3 □2 □1
30. 医疗保健服务 □5 □4 □3 □2 □1
31. 住房保障服务 □5 □4 □3 □2 □1
32. 教育服务 □5 □4 □3 □2 □1
33. 户籍政策 □5 □4 □3 □2 □1

34. 总体上,您对本地的人才政策及效果的满意度

□5 □4 □3 □2 □1

35. 总体上,您对本地的人才服务及效果的满意度

□5 □4 □3 □2 □1

36. 总体上,您对自己在本地发展(工作与生活)状况的感受

□5 □4 □3 □2 □1

37. 未来3—5年,您将继续留在本地发展(工作与生活)的意愿如何?

(5—肯定会,4—会,3—不确定,2—不会,1—肯定不会)

□5 □4 □3 □2 □1

38. 您会推荐亲戚、朋友或其他伙伴来本地投资和发展(工作与生活)吗?

(5—肯定会,4—会,3—不确定,2—不会,1—肯定不会)

□5 □4 □3 □2 □1

39. 如果有可能,您是否会离开目前所在地前往嘉兴市其他区域发展?

(1—是,2—看情况,3—否) □1 □2 □3

如果有可能,您会前往嘉兴市哪一个区或县发展(请注明):________。

40. 您认为本地人才政策及服务中未来3—5年中最应亟待改善的1—3个方面是(请言简意赅表达,最好一句话反映一个方面问题):

(1) ________________________________

(2) ________________________________

(3) ________________________________

再次感谢您的积极参与和大力支持!

后　记

新常态下的发展更加凸显人才作为第一资源的价值。人才乃是发展之基、转型之要、竞争之本。在嘉兴市委、市政府“人才强市”战略指引下，嘉兴市下属 7 个县（市、区）正在积极全面地推进人才工作。对于一个特定区域而言，人才综合发展和竞争力水平是衡量人才工作的一个重要综合指标。人才工作的核心和根本是通过打造适宜的立体人才生态环境，广泛聚集人才，激发各类人才的工作、生活和发展活力，最大程度上释放各类人才效能，为区域经济社会发展提供充分的人才保障。

为客观、系统地评价嘉兴市 7 个县（市、区）的人才综合发展水平及竞争力状况，本书基于客观评价和主观评价两套指标体系来全面考察和评价嘉兴市 7 个县（市、区）近年来人才工作成效。其中，客观评价体系主要依据人才强市（县、区）指标体系，基于 2011—2015 年的二手档案统计数据进行评价分析；主观评价体系主要依据典型人才队伍等主观专家（SMEs）进行结构化访谈和匿名问卷调查等一手数据进行评价分析。

本蓝皮书由前言、基于客观数据的嘉兴市县域人才竞争力评价报告、基于主观数据的嘉兴市县域人才竞争力评价报告、嘉兴市县域人才发展综合竞争力比较分析及嘉兴市县域人才工作问题和政策建议等部分组成。其中，前言部分对研究背景、研究设计及调研过程等进行介绍。基于客观数据的嘉兴市人才竞争力评价报告从人才投入、人才产出、人才环境、人才效能四个方面进行分析、比较。基于主观数据的嘉兴市人才竞争力评价报告则分别从人才对生活环境、人才市场环境、投融资环境、社会文化环境、政策服务环境、社会服务环境等六个方面的评价展开，以人才对当地人才政策、人才服务的整体满意度为关注的核心重点，并对人才对其所在县域未来人才工作表达的期望进行系统提炼、分析。在主、客观分析的基础上，本蓝皮书还对各县域近年来的人才投入、人才产出、人才环境、人才效能四个方面发展情况进行纵向比较，并进一步结合数据分析了各县域人才投入与人才产出、人才环境、人才效能之间的内在逻辑关系。最后，在全面、系统调研基础上，本蓝皮书对嘉兴市各县域人才工作当前存在的问题以及未来人才工作的努力方向进行了归纳和展望。

作为嘉兴市委、嘉兴市政府人才建设的一项全新探索，本蓝皮书的编辑和出版工作始终在市委、市政府的坚强领导下有序推进。本蓝皮书是各方协同合作的成果。中共嘉兴市委组织部作为牵头单位，委托上海交通大学进行独立第三方调研、数据分析和报告撰写。本蓝皮书能在较短时间内汇编而成，与各方面的配合和支持是密不可分的。感谢嘉兴市相关部门和 7 个县(市、区)相关部门在调研和组稿过程中提供的积极配合和大力支持！感谢百忙之中参与本次调研的各类人才！感谢上海交通大学出版社吴芸茜博士为本书的编辑和出版所提供的专业指导！借此机会，我们向所有为本书的出版给予细心指导和无私帮助的专家、领导表示衷心感谢！

因篇幅有限，嘉兴市各县(市、区)人才工作的创新举措和经验做法没有很好地纳入本书之中，我们将在今后的过程中继续予以关注。由于时间和水平有限，本书肯定还存在许多不足之处，敬请读者批评指正。

《嘉兴市人才发展蓝皮书(2016)》编辑部
2016 年 9 月